内蒙古体育教育发展研究

刘 强 编著

内蒙古科学技术出版社

图书在版编目（CIP）数据

内蒙古体育教育发展研究 / 刘强编著. —赤峰：内蒙古科学技术出版社，2023. 9
ISBN 978-7-5380-3622-0

Ⅰ. ①内… Ⅱ. ①刘… Ⅲ. ①体育教育—发展—研究—内蒙古 Ⅳ. ①G807.01

中国国家版本馆CIP数据核字（2023）第179350号

内蒙古体育教育发展研究

作　　者：刘　强
责任编辑：张文娟
封面设计：王　洁
出版发行：内蒙古科学技术出版社
地　　址：赤峰市红山区哈达街南一段4号
网　　址：www.nm-kj.cn
邮购电话：0476-5888970
印　　刷：内蒙古达尔恒教育出版发展有限责任公司
字　　数：220千
开　　本：787mm × 1092mm　1/16
印　　张：10.25
版　　次：2023年9月第1版
印　　次：2023年10月第1次印刷
书　　号：ISBN 978-7-5380-3622-0
定　　价：40.00元

前 言

随着社会经济文化水平的不断发展，人们对生活质量提出了更高的要求，其中最主要的表现特征之一即是对体育的重视程度大大增强了。学校体育作为学校教育的重要组成部分，它是整个学校教育的基础。毛泽东同志在《体育之研究》中指出，“体育一道，配德育与智育，而德智皆寄于体，无体是无德智也……体者，载知识之车而寓道德之舍也”。这明确指出了体育在教育中的重要地位。

近年来，随着我国民族教育事业的不断发展，内蒙古地区学校体育事业也取得了长足的进步。本书主要以当前内蒙古地区体育教育教学为主要研究对象，重点论述了体育教育发展理论、体育教育与人的发展、学校体育课程、内蒙古自治区终身教育的发展、内蒙古民族传统体育的生成背景与价值探析、内蒙古竞技体育的发展等内容。其中，学校体育教育是内蒙古体育发展的重中之重，近些年来深受重视。本书从学校入手，对体育教育加以完善和发展以提高国民体育水平的基础和核心，只有通过教学方式的改进，活跃课堂氛围，激发学生的主动学习意识，提高学生对课程的学习兴趣和热情，才能真正收获良好的教学效果。

发展民族传统体育是内蒙古自治区体育教育的特色内容。民族传统体育具有其自身的文化特征和趣味性，将其引入学校体育教学一方面有利于学生接受更加生动有趣的教育，另一方面也有助于优秀民族传统文化的发扬。

本书由赤峰学院资助出版，所编写的内容根据《中小学健康教育指导纲要》《普通高等学校健康教育指导纲要》的基本要求，结合内蒙古自治区学校体育教学所需的师资、场地、器材等实际情况进行有针对性的分析，对于未来内蒙古地区体育事业的发展具有一定的促进作用。

目 录

第一章　体育教育发展理论

第一节　体育教育的产生与发展

我国对于“体育教育”的研究始于19世纪末，当时就有学者对学生体育教育的作用、形式、特点、运作机制等方面做了研究。但是在当时我们更多地把体育教育仅仅定位于课堂教学的补充和学校教育的附属，处于十分次要的位置。而随着我国社会经济的发展与进步，我国高等教育从精英化教育过渡到了大众化教育阶段，相应的人才培养模式、教育理念等也发生了不可逆转的变化，其中心议题是素质教育与学生的创新能力。因此，随着学校教育中学生素质教育改革的深化与要求，学校的体育教育活动所具有的提高学生综合能力、塑造学生人格意志、培养创新能力、激发学生潜能等课堂教学无法替代的独特作用日益突显。特别是20世纪90年代以来，人们普遍感觉到在大学专业化教育盛行的背景下学生变得知识面窄了，专业之外的事物知之甚少。在沿袭专业教育模式下，为了促进素质教育的发展，改变课堂教学只能实现知识的传播，却无法传达“做人”的理念，专业教育无法教会学生怎样“做事”的育人局面，使得素质教育理念和体育教育结合在一起，促使体育教育的研究无论从其研究的深度和高度都迈上了一个新的台阶。以往提出的“体育教育”概念与学生全面素质教育的结合还不十分紧密，致使目前存在的内容针对性不强、深入性不够、制度化管理水平低、缺乏定量考核标准等缺陷，制约了体育教育在学生素质系统培养中应有作用的发挥。为增强体育教育组织的系统性，提高其规范化管理水平，切实发挥体育教育在学生素质全面发展中的功能，必须整合体育教育活动的各项资源，系统规划，以促进学生素质的发展。

近年来，基于体育教育在培养学生素质教育中的重要作用，体育教育得到了重新定位。体育教育被定位为在教学计划所规定的教学活动以外，围绕育人目标，引导和组织学生有计划、有目的地开展各种健康有益的活动，以全面提高学生综合素质为根本目的的教育活动，它在学校教育整体体系中与学校教学形成了相互补充又相对独立的一个育人平台。从体育教育定义的不断延伸来看，体育教育在我国学校教育中，特别是素质教育中所起的作用得到不断加大。

所以，在当前学校教育的背景下，本书的出版是把体育教育作为独立完整的教育活动这样一个定位展开研究的。

在国外，“体育教育”或者说“课外活动”概念反映了学生身体、思想和个性全面发展的要求，深受广大师生的喜爱，如今已成为校园生活的重要组成部分。学校通常采取一些切实可行的有效措施，表示出对学生课外活动的理解、支持与鼓励，课外活动的开展大多以俱乐部等社团活动形式开展。在国外学生社会团体很多，活动频繁、形式多样，注重让学生在实际生活中认识世界，即体现了“实践教育”的意义。从学生的角度来说，因为社会与学校都对学生的实践创新等能力十分重视，所以学生也非常重视课外活动，从社会实践中不断提高自己的综合素质。学生经常利用课余时间积极主动地参加课外活动，其目的是为了结识更多的朋友，交流经验、互通信息、实现资源共享、提高社交能力等。在学校的管理方面，国外许多学校已经形成了一系列的管理配套措施和制度，成立了专门的指导机构，能够给学生提供必要的资源，学生课外活动有专门的指导教师，实行课外活动“导师制”。导师负责辅导学生的学习，开导学生的思想，帮助学生开展不同形式的课外科技活动。再有，国外学生课外活动时间充裕，活动空间广阔，学生课外活动的空间不仅仅局限于校园，更多的是走向社会。学生课外活动经费来源也是多元化的。在国外很多学校通常从政府、公司及学校自身三个渠道谋取资金，他们的专项基金往往依靠政府补贴、社会赞助、学校支持、国际基金组织支持等。在这样的环境中，国外很多大学的学生课外活动能够较好地落到实处，真正实现与社会、与专业接轨。从组织结构来看，其组织规模化，每所学校都有成百上千的俱乐部和社团，多样化的选择给了学生一个相对自由的空间和与他人交流的机会，注重对学生个性的培养。

在我国，学生体育教育的蓬勃发展推进了学生综合素质培养的发展，也让体育教育建设的重要性不断显现，越来越受到重视。体育教育的内容得到了极大的丰富，形式上也进行了一定程度的创新改革。学生素质拓展培养计划等具体举措的实施，使得体育教育有了突飞猛进的发展。但由于体育教育长期处于次要和附属地位，尽管伴随素质教学的改革从根本上使得体育教育建设的重要性不断得到认可，但是学校各项工作的开展中体育教育工作实际开展不论是制度建设、机构设置、人员配备还是管理机制都得不到足够的重视。由于素质教育涉及的内容方方面面，内容构成交叉综合十分复杂，为体育教育素质培养体系的构建、运行带来的难度很大，导致了体育教育的开展一方面展示出了许多的成绩，但另一方面也出现了许多亟待解决的问题。

第二节 体育教育的概念与特点

随着时代的进步、社会的发展，实施素质教育、深化教育改革已成为全面提高国民素质的必经之路。在推进素质教育的过程中，体育教育正在发挥越来越积极的作用，它不仅弥补了学校教学的不足，是学校教学的有益补充，对于帮助更多的中小学生理解体育的多样性，更好地体验生活，树立学习和发展的信心发挥着积极的作用，而且在提高中小学生情操、促进智力开发和激发创造精神方面也起着不容忽视的作用。所以在中小学教学中如何开展体育教育是值得研究的重要课题之一。

一、体育教育的概念

在谈到体育教育时，许多人常常把它与课外活动等同起来，甚至认为体育教育就是课外活动的代名词。当然，体育教育与我们常说的课外活动的确有着十分密切的联系，有很多活动既可以归到体育教育，也可以称之为课外活动。应该说，二者的相同之处是非常多的。但是，我们更应该看到二者是有本质区别的。首先，体育教育是作为一种教学方式和途径纳入教育体系的，与学校教学相匹配、相互补充。但是，很多课外活动却没有这种功能。很显然，体育教育比课外活动地位更高，内涵更丰富。其次，体育教育的活动内容具有较强的针对性，活动方式更加规范有序，活动组织更有保障，因而，体育教育的教育效果和影响要强于课外活动。最后，体育教育应纳入学校的工作计划，有相关部门和人员进行组织和引导，具有较强的目的性、系统性和计划性。相对而言，很多课外活动是由学生自发组织的，随意性比较大，也缺乏计划性和连贯性。体育教育源于课外活动，但高于课外活动，看不到二者的区别，会弱化体育教育的地位，不利于体育教育的建设和发展。

什么是体育教育？体育教育这一概念的提出，源于教育早期的课外活动，是教育思想的一次变革。学校教学从传统意义上讲是指学校按照教学计划、教学大纲所进行的班级教学活动。第几课堂，则是相对于学校教学而言的，是指学校在教学计划之外组织和引导学生开展的各种有教育意义的活动。学生可以在完成教学计划所规定的课程之外的各类活动中，开阔视野，锻炼能力，愉悦身心，积累课堂讲授以外的丰富知识与经验。

笔者认为，体育教育是指在国家正规或专业的教学大纲之外，由学校相关部门和人员组织和引导，学生自愿参加，以促进学生全面发展的各种有教育意义的活动。

体育教育是学生素质教育的重要载体，是教书育人的重要渠道，是丰富实践经验的主要阵地。开辟体育教育是实现学校培养目标的客观需要，也是对培养人才实践经验的总结，有它自己的特点和形式。

二、体育教育的特点

体育教育所开展的活动与学校教学所开展的教育活动，二者的教育目的是一致的，都是贯彻国家基本的教育方针，全面推进学生的素质教育。然而由于体育教育的教育活动在内容与形式上有别于基础教学的固定教学模式，因此，它又有自身的特点。

（一）自主性

体育教育的教育活动是课堂教学之外，学生自主选择并且自愿参加，有的甚至是自己设计、自己动手、自己验证的一项活动。这种活动能够充分考虑到学生学习兴趣与美术爱好，有利于发展学生的特长与才能。同时也正因为是学生自愿参加的活动，所以能够提高学生的主动性与积极性，有利于学生自觉、主动学习，从而提高学生实践能力。

（二）广延性

体育教育的教育活动不受课堂教学的限制，时间和空间的灵活性较大，教学内容丰富多样，形式生动活泼，能够扩大知识信息面，开阔学生视野，开发学生思维。此外，所开展的教育活动的程度可深可浅，规模可大可小，活动的时间可长可短，都可以根据学校的情况、学生的年龄、实际需要、学习能力，以及师资力量和学校的各方面条件来确定。

（三）主体性

学生在体育教育的教学活动中，主要以学生为主体，教师起引导和辅助作用，真正地将学生在学习中的主体地位落到实处。因此，教师、家长和校外教育工作者，应鼓励学生独立自主完成教育实践活动，在活动中培养学生的自主意识，提高学生的学习能力和实践能力，进而使学生逐步学会学习以促进发展。

（四）评价性

当前我国学校教学的基础教学往往以成绩论“英雄”，以记忆能力来评价学生的创造力和智力。久而久之会造成学生对本学科失去兴趣，而体育教育的教学减少了学生的心理压力，用特殊的成绩评价方式进行评价，如展览会、交流会、校园十佳歌手大赛、登山、越野等，这种评价方式不但可以培养学生的责任心，提高学习和交际能力，而且在一定程度上增强学生的集体荣誉感和团队精神。

总之，体育教育的教育活动是建立在自觉、自愿、自动基础上的，在教育基础教学的前提下开辟体育教育，把学校教学的基础教学和体育教育的教育活动有效地结合在一起，有利于加强基础教育，加强高素质人才的培养，切不可忽视其作用。

第三节　体育教育的价值

笔者认为体育教育主要有如下具体功能：导向功能、凝聚功能、调节功能、转化功能、开发功能。需要指出的是，这些功能并不是体育教育所独有的，其中的许多功能学校教学也具备，而体育教育的这些功能却并非仅仅是学校教学的某些功能的简单延伸，它有着自己的优势和特点。另外，上述这些功能并非是体育教育的每一种具体形式都具备的，而是将体育教育作为一个整体加以研究才得出的结论。

一、引导学生树立正确的世界观、人生观和价值观

当代学生处于一个复杂多变的时代，而他们认知社会的途径又较以往大为宽广，广播、报纸、电视和网络等大众传媒对他们“三观”的形成产生极大的影响，甚至超过了课堂教育，而他们思想尚未成熟，社会经验不足，政治鉴别力较差，容易受到不良思想的蛊惑，急需进行正确的引导。而学校教学往往以教授基本知识为主体，对于学生的“三观”不做过多讲授与分析。体育教育正好能够在这个方面发挥作用，弥补学校教学的不足。体育教育尽管形式多样，但是都是在有组织地进行的，有专人对活动的内容和意义进行鉴别，这就保证了它始终符合主流价值观，与党的基本路线、方针、政策保持一致。通过体育教育所组织的教育活动使学生树立坚定的爱国主义思想，培养学生优秀的道德品质。体育教育形式多样，符合学生的身心特点，对学生有着强烈的吸引力，能调动学生的情感，让学生得到深刻的体验。体育教育能够“让学生接受祖国历史和民族文化传统的熏陶，去感受大自然的美，去接触火热的现实生活，在现实的社会实践中挖掘闪光的思想，在时代先进人物的身上汲取力量，培养自己的历史使命感、社会责任感、爱国主义感情和民族自豪感以及高尚的审美情趣和生活情操”。

二、引导功能

通过学校体育教育的组织与开展，引导学生将个人的奋斗目标与社会的发展目标统一起来，脚踏实地地作出贡献。每个人都有自己的理想，都渴望实现自己的奋斗目标。但是，理想有正误之分，正确的理想和奋斗目标能鼓舞人的斗志，激励人的信心，成就人的事业；错误的理想和奋斗目标则违背社会历史发展的趋势，背离人民大众的利益，会把人引向歧途，甚至引到犯罪深渊。所以，学生树立正确的理想和奋斗目标是相当重要的。但是，由于当今社会环境的复杂性和学生自身思想的不成熟性，致使一部分学生在理想信念和奋斗目标上出

现了偏差。

对于长期生活在校园的学生们来说，全面正确地认识自身和我国当前的国情是极其重要的。对于自身以及国情没有一个清醒的认识，就不可能有正确的理想和制定切合实际的奋斗目标。大学体育教育为学生正确认识自我，清醒认识国情、社情提供了一个良好平台。体育教育的内容、方式和氛围都蕴含着教育目的，直接或间接地对学生们产生着导向作用。在体育教育这个开放的系统中，古今中外的各种思想相互激荡碰撞，每个成员在评价、理解和接受他人的思想中形成“多向互动”，在他人身上可以看到自己的不足，从而不断调整自身，朝着社会主导的目标靠近。例如，通过参加社会实践活动，学生们可以了解到社会生活的方方面面，发现自己的许多优点和缺点，加深对自己的认识，同时通过社会大课堂，对我国的基本国情有更多的感性认识，进而引发深层次的理性思考，更深刻地体会到知识、技术的重要性，增强立志报国、献身祖国建设的强烈责任心，脚踏实地，乐于奉献，融入群众，为民谋利，从而实现个人价值与社会价值的有机统一，个人目标和社会目标的有机统一。

三、规范学生的思想行为，提升其道德素养和法纪意识

体育教育可以“通过树立具有群众基础，又对群众有感召力的先进楷模，使大家钦佩而在精神、心理、人格、行为等方面加以仿效”。例如，模范人物的先进事迹报告会等活动，学生们听后身受鼓舞，能够充分认识到社会提倡什么，自己应该做什么，从而在日常生活中自觉地朝着社会所要求的标准靠拢。另外，在每次体育教育活动开展的过程中，都必然会涌现出一批先进分子，这些出自学生群体的模范人物，具有良好的群众基础，能让学生们感觉到自己与模范人物不再十分遥远。这些模范人物必然会产生很好的示范效应，成为学生们争相效仿的对象，这样就会逐渐将学生们的思想和行为引导到正确的方向上来。

四、调节不良情绪

调节功能，是指“通过民主的、说服教育的、相互沟通的方式，进行人的情绪调控、人的心理调适和人际关系的调整，从而达到提高人的思想觉悟、建立新型的人际关系的目的，保证和促进社会的稳定与发展”。随着科技的发展和社会的进步，人们越来越认识到人的动机、情感、性格、意志等非智力因素对人才成长的重要影响。因为，世界上是不存在脱离人的情感和意志的“纯粹的”实践活动的。列宁曾说过：“没有人的感情，就从来没有也不可能有人对真理的追求。”心理素质的好坏直接影响着人的能力的发挥和其他素质的状况，提高心理素质是提高学生整体素质的重要手段和重要内容。学校体育教育的调节功能能够培养学生良好的心理素质和健康的心态，帮助他们建立和谐的人际关系，培养健全的人格，促进学生的身心健康发展。具体来说，体育教育的调节功能包括以下几个方面：

“情感和情绪是由接受客体是否符合人的需要而产生的态度体验，它们是对客观现实的一种特殊的反映形式，反映了接受客体与人们的需要之间的关系。”人生不如意之事十之八九，当代学生生活的社会环境日趋复杂，社会竞争日趋激烈，使原本就不够成熟的心灵要承受来自诸如考试、就业、恋爱等各方面的巨大压力，稍有不慎，学生就很容易出现情绪波动，甚至产生不满、怨恨和愤慨。这些不良情绪如果得不到及时的排遣和消除，就有可能越积越多，一旦被引爆，后果不堪设想。学生极易做出一些极端行为，给自身或他人造成严重的伤害，也给学校和社会带来恶劣的影响。一方面，由于受到时间、空间与教学人员、教学任务等各方面条件的限制，学校教学即正规的教学课堂对于缓解或消除学生的不良情绪显得力不从心，或者是根本就不能及时发现问题；另一方面，学生们有着非常充裕的课余时间，如果没有体育教育去占领，则必然会被其他的自发的活动所占领，加之有些学生觉悟不高，有诸如沉溺网络、酗酒、赌博等不良嗜好，就容易引起一些不良事件的发生。反之，如果有比较丰富多彩的体育教育，则学生们就比较容易找到正当的发泄空间，也更容易交到知心朋友和找到倾诉对象。在这个开放的空间里，学生能够以正当的方式来宣泄和排解自己压抑的情绪，保持心情舒畅，从而不至于积怨成恨，酿成祸患。对学校和老师而言，体育教育使学生们的课外言行依然置于自己的有效监控之中，能够及时发现问题，加以引导，排除隐患。因为在体育教育这个相对自由开放的空间里，学生们往往更容易暴露真实的自我，从而有助于及早发现问题。

五、增加交往，调整人际关系

提高学生的社会交往能力，以便他们能建立起和谐的人际关系，这是学校在培养人才的过程中必须予以重视的，也是现代人才的必备素质。然而，我们的许多学生在迈进大学校门之前，生活圈子十分狭小，除了和自己家人及班级的老师、同学交往之外，很少与其他人打交道。进入大学之后，由于同学们都是来自不同的地方，家庭背景、生活经历、思维习惯、兴趣爱好、思想观念等都具有较大的差异，加之社会阅历尚浅及相互了解不全面等因素，难免会产生一些误会和矛盾，出现人际关系紧张的情况。在陌生的环境中，如何妥善处理好各种人际关系，和不同的人群打交道，成了学生不敢面对和难以应对的难题。这个问题的解决，仅仅依靠学校教学是远远不够的。体育教育内容丰富、形式多样，打破了院系、年级、班级、专业、寝室甚至学校的界限，为广大师生的交往提供了一个自由的空间和广阔的舞台。不同层次和个性的学生都能找到属于自己的舞台，也更容易找到志同道合的朋友和知己，获得成就感和归属感。在有着共同目标和兴趣爱好的群体内部成员之间进行交流，相互之间会更加具有亲近感，师生之间、学生与学生之间能加深了解和认识，增进友谊和情感，也更容易化解在其他场合造成的误解和矛盾。这样在培养学生良好的心理承受能力和提高其社会交往能力的过程中，也会逐渐建立起一种互信、互爱、互敬的和谐的人际关系，为学生将来走上工作岗位能迅速地熟悉环境打开局面，为与周围的人建立良好的人际关系打下良好的基础。

第四节　体育教育的内容和手段

一、体育教育的内容

（一）体育教育内容的概念及意义

体育教育内容是指为了达到体育教育目标而选用的体育知识和技能体系，是在体育教育实践中教师教与学生学的实际材料。在一定的历史时期内，体育教育内容的选择与确定总是受到社会对人才规格的需求、学生身心发展的特点、教育发展的社会条件及教育者的研究水平等多种因素制约，因此体育教育内容又随着社会的发展而不断更新和发展。

体育教育内容对于实现体育教育目标有十分重要的意义，它是构成教学活动的基本要素，是实现体育教育目标的重要条件，每一项内容的教学活动的完成都使得整个教学工作更接近于最终目标。

体育教育内容是体育教师教学的直接依据，体育教师必须深刻理解和熟练掌握，达不到此项要求就不能算合格的教师。同时，由于社会对教学的要求不断提高，体育教育内容处在动态中，而特定时期内人的认识能力总有局限性，因此体育教师对教学内容的学习和钻研也不能一劳永逸，而必须持续不断地进行。体育教师对教学内容持续不断学习和钻研的过程，就是教师经常性达到合格标准和不断提高自身业务水平的进步过程。

体育教育内容是在已有体育水平的基础上，依据学生的身心发展特点选择和确定的，因此它应当能对学生身心的进一步发展起到积极的促进作用。但是，这种积极作用的发挥要从理论上的可能性变为现实性，还必须经过教师有效组织和指导，学生对教学内容努力学习和训练。这就要求体育教师必须善于教育学生，善于把国家规定和教师选定的教学内容变成学生实际感知的自我发展需要的学习内容，从而使教师负责地教和学生能动地学统一于完整的教学活动之中，使教师教有所进，使学生习有所得。

因此，科学而合理地选定体育教育内容，有利于学生顺利获得体育知识和技能，锻炼身体，增强体质，形成良好的体育意识和行为习惯，并培养良好的思想品德，发展学生的个性。

（二）我国学校体育教育内容的发展历史

1. 20世纪初

由于当时正值民族危亡之时，因此清朝政府在《奏定学堂章程》中规定，各级各类学堂均要开设“体操科”，每周2~3学时，中等以上学堂均以兵式体操为主要教学内容，由退役军人充当教师。虽然开始时曾有新鲜感，也有冲击传统的文弱之风的积极作用，但时间一久，其弊端日益暴露和突出。强制推行，呆板枯燥，成效甚微。不久，培养专门体育教师的专业体育教育兴起，师资构成发生变化，情况稍有缓和。辛亥革命后，体育师资培养工作得到完善，体育教育状况又有好转。

2. 五四时期

新文化运动和“五四”运动，作为旧中国历史上一次伟大的思想解放运动，对体育教育的变革也产生了重大而深远的影响。在它的推动下，军国主义思潮衰落，具有民主和科学意义的新教育思潮和自然主义体育思潮随之兴起。1922年公布实行新学制，1923年确定了“新学制课程标准纲要”。“纲要”规定，各级各类学校的“体操科”改为“体育科”，不仅名称发生了变化，而且体育教育内容中也完全剔除了兵式体操，而改为游戏、田径、球类和体操等，初中还包括生理卫生，高中包括卫生法和健身法，从而基本确立了学校体育教育内容的框架体系。

3. 中华人民共和国成立以后

中华人民共和国成立之后，学校体育教育内容是由各级学校的体育教育大纲规定的。1956年，教育部正式颁发中小学体育教育大纲，该大纲以借鉴苏联十年制学校体育教育大纲为主，缺乏我国自己的特色。为了配合使用这套大纲，人民教育出版社于1957年编辑出版了小学和中学体育教材。这套教材把体育教育大纲和体育教材（教师用书）合编为一本。从指导思想到教材内容体系方面都有所发展，增加了民族体育——武术，开始体现了我国的特色。1978年，国家重新制订并颁发了全日制中小学体育教育大纲和教材。在指导思想、教学内容及其编排体系方面又有改革和发展。

4. 改革开放以后

1988年，国家教委根据义务教育法成立了九年义务教育中小学体育教育大纲编写组。编写组系统地研究了我国体育课程教材发展的经验，借鉴了国外的有益探索，编写了九年义务教育体育教育大纲（初审稿）和实验教材，经过部分地区两个完整学年的科学实验，于1993年正式颁发了九年义务教育《全日制小学体育教育大纲》（试用）、《全日制初级中学体育教育大纲》（试用）和与之配套的系列教材。这套大纲坚持社会主义方向，充分体现了九年义务教育的目标和要求，从提高民族素质出发，使学生增进健康，增强体质，为培养身心全面发展的社会主义建设者服务。在教学大纲的内容体系方面也有新的发展，建构了完整、系统的教学目标体系，对教学内容做了一定范围的调整，如在民族传统体育方面，在保留武术的基础上，增加了养生、健身、导引等内容；在其他项目中，增加了球类教材的选择性，简化了田径项目，加强了基本动作和身体素质练习。同时增加了我国社会主义的国情和特色，体现了九年义务教育对体育学科的要求，使体育教育大纲更具有广泛的适应性、选择的灵活性和推行的实现性。

5. 近年来

为了更有效地增进学生健康，增强学生体质，我国更加重视健康教育工作，加强了体育与健康教育相结合的研究，制定了九年义务教育《体育与健康教育教学大纲》（初审稿，供实验用），同时还制订了全日制普通高级中学体育教育大纲（供实验用），在部分地区进行稳步实验，已取得初步成效。

二、体育教育的手段

（一）体育教学手段的概念

“手段”一词的基本含义是，为了达到一定目的所采取的方法和措施。体育教学手段在实践中至少有广狭两义。

广义的体育教学手段包括教学原则、教学内容、教学方法和一切组织与技术措施。

狭义的体育教学手段，特指为了达到体育教育目标所运用的物质方面的场地、器材、仪器、设备等。

教学目标是选择运用教学手段的工作指向和直接依据，教学手段则是实现教学目标的现实条件和必要前提。教学目标不确定或不明确，教学手段的选择和运用就必然是盲目的、无根据的，因而也不可能取得应有成效。但教学目标作为教育者在进行教学工作之前所提出的愿望和要求，它必然带有预期性和主观性，它必须经过相应的一系列实际工作过程，经过各种教学手段的正确选择与合理运用才可能变为现实。因此，目标和手段紧密联系，相互依存，相互制约。

（二）体育教学手段的分类

教学手段丰富多样，分类方法也有多种。

1. 按教学手段的时代性特征来划分，有传统型和现代型

传统的体育教学手段包括普通的体育场地、器材，以及理论知识课教学的教室、室内设施、黑板、模型、图表等。现代教学手段是指随着现代科学技术的发展而出现的幻灯、投影、广播、电影、电视、录音、录像、计算机等新型教学仪器设备。

2. 按教学实践中运用的经常性特征来划分，有常规型和专门型

常规型是指就全国整体而言，大部分学校经常而广泛运用的简易、轻便的各种教学设备与物品。与上述传统的教学手段基本吻合，可适当包括某些简单的电教手段如幻灯、投影等。专门型主要指比较新颖、精密、价格也较昂贵的仪器、设备，与上述现代型的基本一致。应当说明，上述两种分类标准只是相对的，随着科技和教育的发展，现代型和专门型的某些手段也会逐步向传统型和常规型转化。

3. 按各种手段作用于人的感官的不同来划分，可以分为视觉型、听觉型、视听型和综合型

等4种

视觉型的手段如板书、挂图、教具、模型、幻灯、标志物等；听觉型的手段如收音机、录音机、播音机和手鼓、节拍器等；视听型的手段如电影、电视、录像、多媒体教学软件等；综合型的手段主要指包括运用触觉、视觉、听觉等在内经常运用的体育场地、器材和设备等。

此外，还可以根据设备的可移动性分为固定型和可动型；根据仪器设备的技术性能的不同分为硬件和软件等。上述各种分类方法都可根据不同的教学要求来有针对性地选择和运用。

（三）体育教学手段的运用

体育教学手段是为实现体育教育目标而创造的，它也必须根据教学目标的具体要求进行选择和运用。不同的教学手段对同一教学目标的实现其作用必然不同，不同的教师运用同一手段来教学，其效果也会有差异。

体育教学手段运用的基本模式：

1. 辅助式

这种模式如图1–1所示，教师根据体育课的任务与要求，主要借助于教学媒体向学生讲授理论知识或传递教学信息，教师和学生进行双向反馈。采用这种模式，要求教师选择恰当的媒体和运用正确的方法。在体育教育实践中，各类不同教学目标的新授课经常会用这种模式。例如，讲述人体运动系统的结构或某一运动动作的技术要领时，可借助于图表、幻灯、录像等媒体，向学生展示直观的内容。

图1–1　辅助式模式

2. 直接式

这种模式如图1–2所示，表现了学生直接借助于教学媒体进行运动练习，是完成体育教育目标的主要形式。体育实践课中，身体素质练习课、球类课、田径课、体操课、考核课等都是这种模式的典型代表。教师在课中起着指导和调控作用。

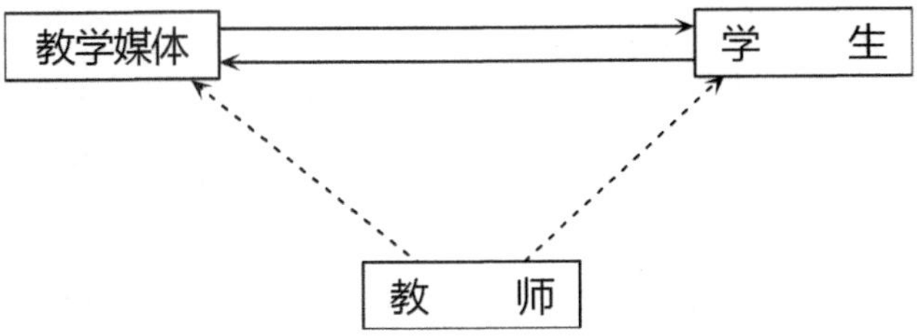

图1–2　直接式模式

（四）体育教学手段的安排与运用

1. 体育场馆、游泳馆的安排与使用

体育场馆、游泳馆包括田径场或风雨运动场、球类场馆、各类运动区、游泳池等。这类场馆池一般都属于永久性建筑物，在设计建造时，通常根据学校整体规划，考虑到方便、经济、实用、安全等因素。建成后，要制定场馆、游泳馆的使用管理办法，科学管理，周密安排，最大限度地发挥其作用。教学时，要根据教学内容、目标、学生人数和教学方法，合理划分区域，精心布置场地。

2. 体育器材的安排与使用

体育器材的种类很多。体育器材的保管和维修直接关系到体育课教学工作的正常进行和教学质量。体育器材的更新完善，直接影响到体育教材教法的改革。因此，在体育教育过程中，要根据教学目标，结合教材内容和学生特点，考虑安全因素，恰当地选择和运用好这类器材。

在安排与使用体育器材时，教师要发挥创造性。因为每一种体育器材，既可以完成特定的教材内容，又可作为一种循环锻炼身体的媒介。通过科学设计和配置不同种类器材，不仅可以提高体育器材的利用率，还可以丰富教材内容，变换练习形式，活跃课堂气氛，提高教学效果。

3. 体育教学图表的设计、安排与使用

教学图表是为教学任务服务的。在设计体育教学图表时，应根据教学内容和相关条件，绘制出图文并茂、新颖直观、方便实用的图表。教学时应区分不同类别的图表，选择恰当的时机和位置，进行展示、讲解或指导学生使用。

4. 现代教学手段在体育教育中的运用

体育教育中的现代教学媒体如幻灯机、录音机、电影放映机及多媒体软件等，在体育教育中的常用方法主要有演播法和插播法两种。

（1）演播法

演播法是指在体育课堂教学中，根据教学需要，借助现代教学媒体进行演示图像、播放录音和传达信息。采用这种方法，教师主要是做好组织引导工作。运用演播法教学的步骤与方法是：

①提示：提示一般在演播前进行，其内容有说明片带名称、简介片带内容和视听目的、提出视听思考题和其他要求。

②播放：一般由教师播放，也可由学生或专业人员播放。播放过程中，教师可适时做一些必要的提示。

③讨论：播放结束后，教师应结合视听目的，及时组织讨论或有重点地进行提问，以巩固所学内容。

④小结：教师进行简短小结，或让学生谈谈视听体会。

⑤作业：根据教学任务，结合视听要求，适当布置一些作业。

（2）插播法

插播法是指在体育教育过程中，教师根据需要，穿插播放音像教材的有关片段，为讲授提供感性材料，以帮助学生直接地理解学习内容。在体育教育实践中，对一些运动技术较复杂，并且教师难以用分解方法向学生进行讲解示范的，常常可以借助现代媒体以插播方式向学生展示技术细节。展示过程既可以动态慢放，也可以静态观察，还可以不断重复。插播法一般遵循提示—播放—讲解—播放—讨论—小结的步骤进行。

在体育教育教学中，运用现代化教学手段进行演播和插播时，应当遵循的基本要求是明确目的，讲求实效；多媒体优化组合；直观与抽象结合；及时反馈调控；效果性与经济性结合；集体施教与个别施教结合。同时应当注意以下几点：

①做好播放前的准备工作：包括分析教学内容，确定教学目标；选择教学媒体，确定教学方法；设计教学程序，编定教学方案等。方案应标明播放的方式和时间，提示和补充讲解的内容，对学生提出观看要求，拟定思考题等。

②调控好播放过程：教师要注意学生的知觉过程，及时接收学生的反馈信息，注意掌握教学节奏，随时调整教学过程，使学生注意力集中，思维跟得上，使课堂气氛管而不死，活而不乱。

③播放与讲解紧密结合：做到播放适时，讲解恰当，语言精练，富有启发，提示及时。运用现代化媒体时要遵守程序，规范操作，注意安全，及时处理各种偶发事件。

第五节　体育教育与学校教学的异同

进入21世纪，经济与科技飞速发展，传统的学校教育已不能适应经济全球化和生活方式多样化所提出的要求，因此有必要重新审视体育教育的教育活动与学校教学基础教学的关系。学校教学基础教学是在党的教育方针下，以系统、全面的教学形式提高学生学习的兴趣，发展学生学习的能力，促进学生思想道德素质、智力素质、心理素质、身体素质的全面发展。学校教学的基础教学虽然占据了学生大部分在校学习时间，但是并不意味着体育教育的教学是毫无作用的。学校教学的基础教育活动是学校教学必要的补充和延伸，它在教学形式和内容上弥补基础教学的缺陷和不足。它们之间的关系是相辅相成的，它们的结合，构成素质教育完整的教学体系。

一、体育教育与学校教学的相同点

（一）在育人方面体育教育与学校教学是互补关系

学校教学的基础教学是发展体育教育的教育活动的基础，同时体育教育的教育活动能给学校教学的基础教学带来生命力，它的蓬勃发展推动了学校教学的基础教学。由于学校教学的基础教学受教材、教学人员、活动时间和规模等的限制，学校教学的教育作用不能得到充分的发挥，而体育教育的教学能对教学内容、教学方法、形式等做到优势互补，因此有效的结合体育教育的教育，能够开展丰富多样的教学活动，让学生在愉悦、丰富的教学环境下学习知识。

（二）在教学方面体育教育的教育是学校教学的基础教学的延伸

美国教育学家杜威提出“教育即生活”的教学理念，给我们在体育教育上很大的启发。素质教育、新课标、阳光体育运动都强调，学生需要多与大自然、社会接触，才能把学校的基础教学延伸至学生的学习和生活中去。因此，体育教育的教育并不是学校教学的基础教学的结束，而是学校教学的基础教学的延伸。

二、体育教育与学校教学的不同

（一）教学内容不同

学校教学的基础教学的展开是以基础和专业知识为主要内容，而体育教育教育内容的丰富性是学校教学的基础教学所无法比拟的，无论是文艺活动还是体育活动，不管是参观还是见习都是学校教学的基础教学无法完全做到的。这些教育活动所涉及的各方面的知识、技能，很多与基础学习没有必然或明显的联系，但却是对学生提高自身综合素质有着极其重要的作用。

（二）教学方法不同

学校教学的基础教学与体育教育都是在我国素质教育体系下开展的，学校教学的基础教学主要通过教师在课堂传授知识实现教育目标，教学方式比较固定，多数属于灌输式；体育教育的教学则可以让不同程度水平、有不同需求的学生参与，偏重于体验式、交流式、实践式。在体育教育的教学活动中，学生作为活动的主体，教师与学生在活动中可以自由的交流，甚至互相启发。教师能够探索以因材施教的方式去教学，学生则能够发挥他们自己的优势，充分调动学生学习的积极性，以贴近生活的教学方式受到教育。

（三）教育评价不同

在学校教学的基础教学中，其评价方式多以分数论高低，对学生学习的过程进行了忽略，导致学生认为只要学习书本知识，把它背会就能取得好的成绩，从而造成“应试教育”。体育教育的教育活动首先是学生自愿选择，并且开展形式丰富多样，体育教育的教育活动实际是学生锻炼自我、实现自我的媒介。它不以分数论高低，更重视学习的过程，从一开始只是对教育活动充满兴趣才会参加活动到真正融到第一二课堂的教育活动中，学生的素质会有着不同程度的提高，当然收获也各不相同。不仅是单单学习理论知识，更能够提高素质修养，陶冶艺术情操，促进个性发展，培养创新能力，丰富社会知识，完善人格塑造等。

（四）辅导教师不同

学校教学的基础教学与体育教育的教育活动的辅导教师在定位、方式上都有不同。学校教学的基础教学主要是该学科专业教师通过抽象的语言讲授、多媒体教学等方式和手段完成教学任务。而体育教育的教育活动除了采用上述方式和手段之外，有时还将社会其他教学辅助人员一起融入教学过程之中，如校团委工作人员和辅导员等。

（五）教育环境不同

学校教学的基础教学与体育教育的教育活动在时间和空间上有很大的差异。首先学校教学的基础教学在时间上有严格的限制，往往只是课上的45分钟，且每学期的学时也较为固定，而体育教育的教育活动在时间上是非常自由的，不但可以利用课下时间，而且每学期的寒暑假也提供了充足的时间，更重要的是学生可以自由选择时间，在放松的同时还能学到知识。其次是空间方面。学校教学的基础教学同样是在课上教学，50平方米左右的房子不能给学生广阔的空间。体育教育的教学有着宽阔的空间，学生能自主选择喜好的空间进行活动。

第二章　体育教育与人的发展

第一节　体育教育与人的体能发展

一、什么是体能

所谓体能是指有机体在运动活动中所表现出来的能力，主要包括身体基本活动能力（简称运动能力）和身体素质两个方面。

运动能力一般是指机体在体育活动中，表现出来的走、跑、跳、投、攀爬、悬垂、支撑、搬运、负重、平衡、滚翻等的能力，也是人们在日常生活、劳动和运动中不可缺少的基本能力。

身体素质是指人体在身体活动中，各器官系统表现出的速度、力量、耐力、灵敏、柔韧等的机体能力。

运动能力与身体素质，既有区别，又密不可分。运动能力是身体赖以表现的运动形态，而身体素质是提高运动能力的基础。一般是通过发展运动能力来提高身体素质水平，反之身体素质水平提高了则又有助于运动能力的发展，两者相辅相成，都是体质基本内涵的重要部分。所以，为了准确和简易表达，习惯上把两者合称为体能。

体能是体质的主要组成部分，发展学生的体能，是学校体育的重要目标之一，它是学校体育区别于其他教育活动的显著标志。发展学生的体能，不仅对学生掌握体育技术和技能，提高运动技术水平，增强学生体质，提高学生身心健康水平等具有重要的作用，而且对提高学生日常生活和生产劳动等能力都具有重要意义。

（一）发展体能的特点

发展体能必须科学地安排生理负荷。为了有效地发展体能，教师要控制与调节负荷与休息这两个基本要素。科学制定不同的负荷与休息方案，依据不同的教材特点及学生实际，做到因人而异。

发展体能包括学生的身体素质和运动能力，发展体能所选择的内容要具有全面性。体能的各个因素，特别是身体素质的发展是互相影响和作用的。只有全面发展学生体能，才能取得最佳效果。

发展体能必须按学生的身心发展、机体适应性规律和超量恢复原理，逐步积累发展体能和增强体质的效果。

（二）发展体能的生物学基础

1. 遗传变异对体能发展的影响

遗传一般是指亲代的性状在下代表现的现象，在遗传学上是指遗传物质从上代传给后代的现象。变异是指同种生物世代之间或同代不同个体之间的性状变异。一般认为，遗传是相对的，变异是绝对的。研究证明，人的形态、机能及素质的发展，都受遗传因素的影响。

2. 体能发展的生理生化基础

人体是由物质组成的，组成人体的化学元素共有62种。各种化学元素又组成了人体的各种层次。

人作为有机体，要对周围环境作出各种应答，同时要作出各种反应动作，作为社会里的人还要有许多有目的、有意识的主动行为，这些都需要不断地消耗大量的肌肉能量和神经能量，人在完成各种机械运动时，还要消耗热能、声能等，这些能量的摄取也是人体在进行物质代谢过程中同时实现的。新陈代谢是人体生命活动的基本特征之一，是维持生物体生长、繁殖、运动等生命活动中化学变化的总称。新陈代谢旺盛，人体的生命力就旺盛；新陈代谢衰退，人体生命力就衰退。新陈代谢同化和异化两个方面，是相互依存和不断进行着的。

3. 体能发展的阶段性特征

①学生体能的发展是随着年龄增长而增长的，并具有明显的阶段性特征。根据学生身体素质增长速度的特点和基本趋势，一般将学生身体素质的发展分为快速增长期、满速增长期、稳定期和下降期。

②各种身体素质发展的过程中，有一个发展的敏感期，即增长的高峰期。各种身体素质出现高峰的时间有早有晚，因此发展各种身体素质的顺序也有先有后。

（三）发展体能的方法

发展体能的方法是指在体育教学过程中，师生为了实现锻炼身体、增强体质和发展体能教学目标，所采取的各种工作方式。在体育教育中，常用的发展体能的方法有：

1. 重复法

重复法是指在不改变动作技术结构和生理负荷表面数据的条件下，所进行的反复练习的方式。重复法又可分为连续重复法和间歇重复法。

连续重复法是连续不断的重复练习。如中长跑，连续做武术某一个动作等。

间歇重复法是指在重复练习的过程中有固定的间歇。例如，在跑的练习过程中，规定每一组次练习后间歇多少时间，再开始下一组的练习。间歇时间的长短取决于负荷量与强度大小和教材特点。

运用重复法的基本要求是：

①根据发展体能的要求和学生个体的具体情况确定练习的次数、距离、时间、强度、间歇时间。

②根据锻炼时的实际情况，改变重复练习的条件。

③应尽量选用简单有实效的或已基本掌握的手段，以保证练习的准确性，提高锻炼效果。

④对学生加强教育，克服单纯从兴趣出发与枯燥感，并要采取灵活的调整措施，调节课堂的气氛。

2. 变换法

变换法是指在体育教育中为发展学生体能所采用的变化练习的环境、条件和动作的要素以及动作的组合等。比如，在练习有氧耐力时，不要老是在田径场里练习，可以改变一下环境，到郊外去进行越野跑。

采用变换法，能够提高中枢神经系统的灵活性，发展身体的调节能力和适应能力，同时对于活跃锻炼气氛也具有一定作用。运用变换法的基本要求是：

①变换要以锻炼的实际需要为前提，作出有针对性的安排。

②在安排变换因素时，应考虑循序渐进，以学生能适应，有利于保证锻炼效果，不过于突然为原则。

3. 持续法

持续法是指在体育教育中，组织学生练习时，在相对较长的时间里，用较稳定的强度、不间歇地进行练习的锻炼方法。如在进行速度素质练习时，让学生连续做十组百米冲刺，每组之间不休息。

运用间歇法的意义在于控制生理负荷保持在一定的水平上，使学生的身体充分地得到锻炼。持续法练习的时间相对较长，但强度不大。运用持续法的基本要求是：

要考虑不同项目及不同季节气候对学生的影响，坚持区别对待，因人而异。

控制好负荷强度，练习强度较大时，练习时间就不能太长；练习时间延长，强度就不能太大，注意循序渐进，逐步提高。

教师要善于观察持续法练习所产生的生理反应，及时进行调整。在实践中，通常把持续法与间歇法结合起来运用。

要广泛运用变换的方式，多采用游戏与比赛的方法组织练习，以提高学生的兴趣。

4. 间歇法

间歇法是指根据对象、教材内容的特点和生理负荷的大小，调整与控制各练习之间的间歇时间，以提高发展体能效果的方法。如在练习下肢力量时，让学生每做一组蛙跳之后，休息几分钟再做下一组。

依据超量负荷与超量恢复的原理，体育活动后要经过合理的休息，使机体产生一系列的生理、生化与超量恢复反应，这样才能逐步提高体力，增强体质。运用间歇法的基本要求是：

①由于学生年龄、性别、体能、客观环境条件等不同，不可能有固定间歇时间的指标，教师要及时了解学生负荷后的生理与心理反应情况，依据实际情况去调节与控制间歇时间，避免负荷过大或过小，以期达到发展体能之效。

②间歇法可按照严格的间歇时间进行，即在两次练习之间，间歇的时间应使有机体处在尚未完全达到恢复的状态下，进行下一次的练习，这样会取得更好的超量恢复之效。

③间歇时应主要采用积极性休息的方式，如走步、慢跑、适当的放松，以加速排除乳酸和恢复体力。

5. 循环法

又称巡回法，是指在体育教育中根据发展体能的要求，选择若干练习或动作，分设若干作业点，要求学生在每个作业点上完成规定的练习和负荷，一个接一个进行作业点的轮换，循环往复地进行练习的锻炼方法。比如，先让学生做100米冲刺，然后再做一组俯卧撑，接着再做800米跑。这种方法能有效地控制与调节练习密度和运动负荷，有利于提高学生的兴趣，发展体能。运用循环法的基本要求是：

①选择作业点的数目、各作业点练习的内容、次数、间歇时间以及巡回的总次数等，应依据发展体能的任务及学生特点进行科学设计和提出简明的要求。

②要重视动作质量，防止求速度、走过场的倾向；教师要严格管理、严格要求，及时进行指导、检查与评价。

③各作业点规定的练习内容，应选择简便易行、实用而有效的练习方法。

④在学生熟练掌握各作业点练习方法的基础上，方可适当进行带有比赛性质的活动。

6. 综合法

综合法是指重复法、变换法、持续法、间歇法等各种发展体能的方法结合起来加以运用的锻炼方法。它可以根据发展体能的需要，组合成多重练习的方案。

运用综合法应加强目的性、计划性，可以将两种方法交替运用。运用综合法时，应对练习的负荷、间歇的时间与休息的方式等提出不同的规定和要求。

（四）发展体能的原则

1. 全面性原则

全面性原则是指在体育教育过程中，在教师的指导下，学生进行各种身体活动，从而促进身体形态、功能、体能都得到全面和谐的发展，特别表现在各种运动能力和身体素质全面发

展。运用本原则的基本要求是:

①既要全面发展,又要突破薄弱环节。全面发展体能,是贯彻本原则的核心,但由于学生随着年龄的增长,体能的发展会出现薄弱环节。为此,在发展体能过程中,应在坚持全面发展的前提下,加强薄弱素质的锻炼,才能确保体能均衡、全面发展。

②正确处理好发展运动能力与身体素质的关系。各种身体素质发展了,运动能力也增强了,同样,运动能力提高了,身体素质水平也会随之提高,两者是相互促进的。

③合理选择内容。教学与课外活动内容的安排应根据不同年龄、不同季节,予以适当调整,要针对学生的薄弱环节,抑其过而补其不足,促进身体各种运动能力与各种素质的全面提高。

2. 适量性原则

适量性原则是指在体育教育中,科学、适量地安排运动负荷的量与强度,使学生承受恰当的生理负荷。贯彻、运用本原则的基本要求是:

①要根据课的目标、教材性质、课的类型和学生的特点等合理安排。

②正确处理生理负荷的量与强度的关系。当要增加生理负荷时,通常是先加量,待适应后,再加强度。

③正确处理生理负荷的表面数据与内部数据的关系。表面数据是指运动时动作的量和强度,内部数据是指负荷的量和强度所引起的一系列的心率、血压、耗氧量等生理、生化变化。不同体质和训练水平的学生,或在学习运动技能的不同阶段,虽是同样的表面数据,但所产生的内部数据是不同的。因此在安排课时,应把表面与内部数据考虑进去,合理安排。

④帮助学生学习并使其具备自控与检测负荷的方法和能力,以及放松与恢复的方法。就是使学生在负荷与恢复的理论知识方面,不但知其然并了解其所以然,这样就会使适量性的控制与操作变为主动的行为。

3. 持续性原则

在体育教育过程中,不但要注重学期、学年发展学生体能的持续性,还应考虑学段与学段之间的衔接,确保学生体能发展的不间断性与持续性,为终身体育打下基础。

在体育教育中,学生进行各种身体活动的直接作用是促进体内异化作用的加强,继而促进同化作用的加强,加快体内物质的合成,从而使机体内部的物质得到补充、增加和积累。这个变化过程的重要条件,就在于保持体育锻炼时间、强度、次数、衔接性和连续性,间隔时间过长或中断过久,已经获得的效果就会消退以致消失。提出本原则的依据是人体功能适应性规律。贯彻、运用本原则的基本要求是:

①持之以恒。

②合理间隔。

4. 健康性原则

健康性原则是指在体育教育过程中，发展体能要以健康为前提，坚持有利于促进学生身体正常发育，促进健康，提高技能，养成正确良好的身体姿势和健康卫生习惯。贯彻运用这一原则的基本要求是：

①全面理解和贯彻体育教育大纲。

②加强学生健康意识的培养和教育。

③健康教育要贯穿于体育教育的全过程。

④教学中要加强安全教育，做好保护帮助工作。

二、体育知识与运动技能

（一）体育知识

体育知识含体育与卫生保健知识，是体育教育的重要组成部分。它不仅对指导学生科学锻炼、合理娱乐是十分必要的，而且对提高学生对体育与健康的认识和作为现代人必备的体育文化素养也是十分重要的。

1. 体育知识的内涵

体育知识是人们对于体育的现象、事实及其规律的认识，是人们在长期的实践中积累起来的经验的概括和总结。体育知识为人们提供了有关体育的信息，并为他们的体育行为奠定基础。

体育知识可以分为两种类型：一是关于体育事实方面的知识，一是关于体育理论方面的知识。体育知识从总体上讲要回答体育中的是什么、为什么、怎么做。

2. 体育知识教学的意义

①体育知识的教学有利于学生正确认识体育对于社会、个人的价值，树立正确的体育观，提高学生参加体育学习、体育锻炼的积极性，为自觉参加体育学习、体育锻炼奠定基础。

②体育知识的教学有利于学生正确认识体质、健康与体育的关系，较为系统地掌握科学合理进行体育学习、练习、锻炼的知识，为体育锻炼提供有效的指导。

③体育知识的教学有利于学生体育文化素养水平的提高，更好地适应现代化社会生活的需要，为促进个性的和谐发展，增加社会交往，丰富文化生活，更好地享受体育带来的乐趣提供文化基础。

3. 体育知识教学的特点

①体育知识教学是科学知识教育与生活教育的有机结合。

②体育知识教学具有很强的综合性。

③体育知识教学具有很强的实践性。

（二）运动技能

在体育教育过程中，要尽可能地帮助学生形成必要的运动技能、技巧，并将这些运动技能、技巧提高到一定高度。如何根据学生的特点、动作的特点和动作技能形成的规律等，合理安排运动技能教学过程，采取适当的教学方法，提高教学效果是体育教育理论应该回答的重要课题。

1. 运动技能的性质

运动技能是指表现在外部的，以完善合理方式组织起来并能顺利完成某种活动任务的复杂的肢体动作系统。它表现为身体的一定肌肉、骨骼运动与之相适应的神经系统的活动。运动技能是通过练习获得的一种活动方式，它是动作构成的，但是并不是所有的动作都是运动技能。

2. 运动技能教学的意义

运动技能教学有利于学生正确掌握从事体育活动的运动技术。

运动技能教学有利于学生进行科学锻炼，有效地增进健康、增强体质。

运动技能教学有利于学生终身体育的开展。

3. 运动技能教学的特点

运动技能教学过程的特点主要取决于动作结构的复杂性、动作所表现出的对身体素质方面的要求和动作技术的变化。

动作的复杂性主要取决于单个动作或组合动作的数量；动作在空间、时间、时空特点和力量的大小，以及动作准确性方面的要求；协调性方面的要求；先天所具有的对某些动作的熟练程度。通常动作比较简单时，可以直接采用完整法进行练习，而动作比较复杂时通常采用分解法进行练习。

在进行动作教学时，还要注意运动技术的变化性，即动作完成是随着外界活动环境、条件的变化而变化。

4. 运动技能形成的过程及各阶段的教法特点

运动技能的教学一般经过三个阶段：粗略掌握动作阶段、改进和提高动作阶段、巩固与运用自如阶段。在各个阶段中教学任务与教法具有不同的特点。

（1）粗略掌握动作阶段

该阶段教学的主要任务是使学生理解动作学习任务，建立动作表象和一般概念，形成动作的基本结构，防止与纠正主要错误与多余动作。为此，在教法运用上有以下特点：

①根据教材特点和学生的实际，运用语言与直观法，使学生明确动作学习的意义和任务，建立正确动作表象与一般概念，通过尝试性的练习，初步建立动作的基本结构。

②为了让学生建立正确的动作结构，在学生具有完整概念的基础上，注意“分解”“定

位”“助力”“阻力”等方法的运用。

③适宜的运动负荷。

④由于本阶段学生分析运动感觉的能力有限，所以这一阶段的评价，主要来自于教师的语言和学生本身的视觉监督。教师在对学生进行评价时，一是要抓住动作的基本结构、动作关键；二是要给学生指明视觉监督的具体方法和位置；三是要正确进行正误动作对照评价，掌握评价的分寸。

⑤应尽可能缩短课与课之间的间隔。

⑥要及时预防与纠正动作技术中的严重错误。

（2）改进与提高动作阶段

本教学的主要任务是要使“粗略”掌握的动作技术达到比较完善的程度，进一步消除错误与多余动作，加深对所学动作规律性的理解，提高动作的协调性与节奏感，规范动作细节，提高动作的适应性，初步建立动力定型。为此，在教法运用上有以下特点：

①为了促使学生尽早建立完整动作的动力定型，通常以完整练习法为主，以加深学生对完整动作的体验。

②运用讲解、示范等方法，更好地揭示动作的规律性，分析掌握动作技术的过程，阐明产生错误的原因，使动作概念进一步具体化，透彻了解动作的顺序。

③在保证动作质量的前提下，要适当加大运动负荷，以使学生能在最大限度地表现身体素质的条件下完成动作，提高动作的效能与稳定性。适当增加练习重复的次数，但要避免因过度疲劳而导致动作走形或形成错误定型。

④由于学生的体能、心理等方面的差异，在本阶段表现更为明显，教学中要更多地注意区别对待、因材施教。

⑤为了提高学生动作技能适应性，应适当采用变换练习的方法，改变练习的条件、练习的环境、动作的组合，并注意运用竞赛法等。

⑥要注意提高学生对动作技能自我评价能力。

（3）巩固与运用自如阶段

该阶段教学的主要任务是巩固与发展已掌握的动作技能，扩大动作技术变化的范围，以便在多种情况下灵活运用；根据个人技术水平，在提高学生身体素质的基础上，进一步改进完善动作技术。为此，在教法运用上有以下特点：

①在该阶段可以在复杂多变的情况下，运用重复练习法与变换练习法，并注意在完整练习中进一步巩固与改进技术细节。

②要积极启发学生的思维，讲解示范主要是提示，促进学生自主认识动作完成情况，提高学生分析问题与解决问题的能力。

③进一步增加运动负荷，使学生在承受较大运动负荷的条件下，甚至有一定疲劳的情况下准确熟练地完成动作，提高动作技能的稳定性。

④进一步加强动作教学与提高身体素质的结合，要将巩固与改进动作、提高技术水平和培养作为动作基础的身体素质过程有机地结合在一起。

⑤对学生动作掌握程度进行全面评价。即在本阶段教师要对学生掌握动作的稳定性、可变性、自动化程度、动作效果进行全面的评价。

（三）学习体育知识与运动技能的原则

1. 知识技能教学与能力培养相结合原则

知识技能教学与能力培养相结合原则是指体育教育过程中既要注意知识技能的教学，使学生掌握体育知识技能，同时要注意加强学生体能、思维能力、自我锻炼能力培养，使学生的知识技能与能力都得到提高。提出这一原则的主要依据是教育、教养和发展相统一的规律。能力的发展有赖于对体育知识技能的掌握，体育知识技能的掌握又有赖于能力的发展；引导学生掌握体育知识技能，并运用这些知识技能才能有效地发展他们的能力。贯彻、运用这一原则的基本要求是：

①要注意联系实际，解决实际的体育锻炼问题。

②重视培养学生的能力。

③正确处理体育知识技能教学与能力培养的关系。

2. 直观与思维相结合原则

直观与思维相结合原则是指体育教育过程中教师要充分运用各种直观手段调动学生各种感官去感知事物，获得直接经验与感性认识；同时要启发学生积极思维，为知识技能的掌握奠定良好的基础。提出这一原则的依据是认识事物的规律与运动技能形成规律。体育知识与运动技能的掌握都是从建立感性认识开始的，学生从感知动作开始，在此基础上通过思维理解建立起完整、正确的动作概念，并经过反复强化，掌握体育知识与运动技能。贯彻、运用这一原则的基本要求是：

①充分运用各种直观方法调动学生的各种感官去感知教材。

②注意直观与讲解相结合。

③积极启发学生思维。

3. 区别对待与因材施教原则

区别对待与因材施教原则是指在体育教育过程中，知识技能教学要根据学生的年龄、性别、体育基础、体能水平等确定教学目标，选择内容和组织教法，使教学得到实效。因此需要深入了解与掌握学生情况，合理安排教学过程，适当增加选择性。

4. 循序渐进原则

循序渐进原则是指体育知识与技能教学内容的安排要遵循系统性与连贯性的要求，目标略高于学生的现有水平，通过师生共同努力可以达到，以使学生体育知识技能得到提高。贯彻、运用这一原则的基本要求是：

①认真贯彻体育教育大纲，制定教学文件。

②要依据学生的生长发育特点，合理安排教学内容。

③合理确定前进的步子。

（四）学习体育知识与运动技能的方法

1. 体育与卫生保健知识教授方法

（1）讲授法

讲授法是通过教师以学生能接受的简洁语言，系统连贯传授教学大纲所规定的体育与卫生保健知识的方法。根据教学目标、教学内容、教学对象、教学条件，讲授法一般分为讲解、讲述、讲演三种方法。

讲解法是叙述体育与卫生保健知识的有关事实现象、定理定律的方法。

讲述法是向学生叙述事实材料或描述事件过程及其结果的方法。

讲演法是教师借助于语言与非语言的形式，完整系统地讲解事实，而且深入分析与讨论事实、事件、定理，并得出科学结论的方法。

在运用讲授法时应注意：

①保证正确的科学性与思想性。

②提高运用语言的技巧与艺术性。

③提高板书质量。

④充分调动学生的学习主动性。

（2）谈话法

谈话法又称问答法，是教师与学生以口头语言的交流方式，要求学生运用已有知识经验，回答教师提出的问题，从而获得新知识的方法。

在运用谈话法时应注意：

①正确选择提问的内容。

②正确选择与运用提问的方式。

③要鼓励与激发学生积极思维。

（3）演示法

演示法是教师通过展示实物、模型等直观教具，或利用幻灯、投影、录像等设备的演示，使学生获得或巩固体育知识的方法。

在运用演示法时应注意：

①明确演示的目的与任务。

②要做好物质准备。

③选择适当的时机，采用适当的方法。

④教具的设计与制作大小适当，以便能让学生清晰观看。

（4）讲练法

讲练法是将体育方面的知识传授与技能培养结合在一起的方法。

在运用讲练法时应注意：

①根据教学目标与内容，选择讲练法的具体运用形式，以讲为主，以练为辅；以练为主，以讲为辅；讲练并重，做到讲练结合，相得益彰。

②做好教具准备。

③注意加强对学生实际练习的指导。

2. 运动技能的基本教授方法

（1）语言法

语言法是指在体育教育中，运用各种形式的语言，指导学生去学习掌握学习内容，进行练习的方法。

讲解。讲解是教师给学生说明教学目标、动作名称、动作要点、动作方法、规则与要求等，指导学生进行运动技能学习，掌握运动技能的方法。讲解法可以分为直陈式、分段式、概要式、侧重式、对比式、比喻式、讲解法等。运用讲解法时应注意：

①要明确讲解的目的。

②讲解内容要正确，符合学生的接受能力。

③讲解要生动形象，简明扼要。

④讲解要具有启发性。

⑤注意讲解的时机与效果。

口令与指示。口令是有一定的形式和顺序，有确定的内容，并以命令的方式指导学生活动的语言方式。指示是运用比较简明的语言，组织指导学生活动的语言方式。口令的运用应做到洪亮、准确、清晰、及时，并注意根据人数、队形、内容、对象等特点控制声音的大小、节奏的快慢等。另外还可以运用口哨、铃鼓、击掌等来发布命令。

口头评价。口头评价是指按教学标准，对学生的行为表现、练习完成的情况以口头方式进行评价的方法。在运用口头评价时应注意：坚持以正面鼓励评价为主；否定的批评要注意分寸和口气；要能指明努力方向，提供改进提高的方法。

口头汇报。口头汇报是教师要求学生根据教学目标和自身的体验，简明扼要地说明自己的见解的语言方式。在运用口头汇报时，应注意认真研究提问的内容、时机、方式，并事先做好认真的准备。

默念与自我暗示。默念是学生在实际练习前，通过无声语言重现整个动作或动作的某些部分的过程，重点重现时空特征，以提高练习效果的语言方式。

（2）直观法

直观法是指在体育教育中教师通过实际的演示或外力帮助，借助学生的视觉、听觉、触觉、肌肉本体感受器官来直接感知动作的方法。在体育教育中常用的直观法的具体方式有动作示范，教具与模型演示，电影、电视、幻灯、投影、录像，助力与阻力，定向与领先等。

动作示范。动作示范是教师或教师指定学生以具体的动作为范例，使学生了解动作形象、结构、要领的方法。在运用动作示范时应注意：

①要有明确的目的。

②示范要正确。

③正确选择动作示范的位置与方向。

④示范与讲解相结合。

直观教具与模型演示。直观教具与模型演示是利用挂图、照片、模型等直观手段，显示练习动作的结构、过程、关键、时空特征，帮助学生正确感知练习动作的方法。

电影、电视、幻灯、投影、录像。电影、电视、幻灯、投影、录像是运用电化教学的视听手段，显示练习动作过程、时空特征，帮助学生更好感知理解练习动作的直观方式。

助力与阻力是指借助外力的帮助，使学生通过触觉和肌肉本体感觉，体验正确的用力时机、大小、方向、时空特征，从而正确掌握动作的一种直观方法。助力法，如学生在做单杠翻身上练习时，教师在学生的背部托一下，帮助学生上杠。阻力法，如为了训练短跑运动员下肢的后蹬力量，在运动员的腰上系绳拖轮胎快速跑。

定向与领先。定向是以相对静态的具体视觉标志，给学生指示动作方向、幅度、轨迹、用力点的直观方式。如在做跳马时，教师在跳马上做记号标明双手的支撑点。领先是以相对动态的超前的视觉信号，给学生以刺激与激励，以利于他们完成动作的直观方式。如在练习中长跑时，教师可以骑车在学生前面领跑，以激励学生。

（3）完整法与分解法

完整法。完整法是指从动作开始到结束，不分部分与段落，完整地传授某种运动动作的方法。运用完整法有以下几种方式：

①直接运用。在教授一些简单、易于掌握的动作时，教师讲解示范后，学生直接进行完整动作的练习。

②强调重点。在教授一些较为复杂的动作时，教师要求学生完整练习时，要注意动作学习的重点，甚至在完整练习中将某一环节单独学习练习。

③降低难度。

④改变练习的外部条件。

分解法。分解法是将一个完整的动作技术，合理地分解成几个部分与段落，逐个进行教授，最后完整教授动作技术的方法。如在进行滑步推铅球练习时，可以将滑步和推球动作分开教学。运用分解法时应注意：

①根据动作技术的特点，采取合理的分解方法。

②划分动作技术的段落与部分，应考虑各部分与段落之间的有机联系，不破坏动作的结构。

③明确各部分与段落在完整动作中的地位与作用，并为各部分与段落的组合做好准备。

④在建立完整动作概念的基础上进行分解，并及时向完整法过渡。

（4）预防与纠正错误法

预防与纠正错误法是在动作技能教授过程中，针对学生形成与掌握运动动作中产生的错误动作及其原因，预先在教授中及时采取有效的手段措施，防止出现和及时纠正学生错误动作的方法。

产生动作错误的原因：

①运动生物力学方面的原因：学生在完成动作时，动作概念不正确，完成的方法不符合运动生物力学的基本原理。

②生理方面的原因：身体素质与运动能力未达到完成动作所要求的水平；机体疲劳，生理机能下降；无意识的本能动作。

③教育心理方面的原因：师生关系紧张，教学内容安排不符合学生的实际，缺乏系统性，方法失当；学生学习目的性不明确，怕苦畏难，或过分激动兴奋，或自卑忧郁，缺乏勇气与毅力。

④外部客观条件方面的原因：场地、器材、设施不符合学生的实际，外界气氛条件干扰，卫生安全条件不好等。

预防与纠正错误的方法：

①强化概念法。在动作教学期间，动作概念不清楚，未能建立正确的动作表象是形成动作错误的重要原因。因此，应加强讲解、示范，帮助学生形成正确的动作表象，使学生明确正确与错误动作的主要差异在哪里，主动避免与纠正错误动作。

②转移法。在学生因为恐惧和焦虑，或旧运动技能影响而形成错误动作时，应变换练习内容，采取一些诱导性、辅助性练习，将学生从已经形成的错误动作中转移出来，形成新的动作。如在游泳练习中，有的学生一入水就手忙脚乱，因此，可以先在岸上进行模仿练习，待形成正确动作后再入水练习。

③降低难度法。

④信号提示法。当学生在练习中由于用力时间或空间方向不清楚而形成动作错误时，可以用听觉信号，口头提示学生的发力时间、用力节奏等；还可以用标志线、标志点、标志物来表明动作方向、幅度等。

⑤外力帮助法。在学生对用力部位、大小、方向、幅度不清楚而出现动作错误时，教师可以运用推、顶、送、托、拉、挡、拨等外力，帮助学生建立正确动作的本体感觉，纠正动作错误。

预防与纠正错误的过程：

①练习前：预测可能产生的错误，采取相应的预防措施。

②练习中：观察与发现动作错误，分析动作错误及其产生的原因，采取相应的措施及时纠正，检查与评定纠正效果。

③练习后：总结经验，指导今后教学。

（5）游戏法与竞赛法

游戏法：游戏法是在规则许可的范围内，充分发挥个人主动性和创造性，完成预定任务的方法。运用游戏法时应注意：

①根据教学目标，选择合适的活动内容与形式，采取相应的规则与要求。

②在教育学生遵守规则的同时，鼓励学生充分发挥主动性、创造性。

③认真做好游戏的评判工作，要客观公正评价游戏的结果。

竞赛法：竞赛法是指在比赛的条件下，组织学生进行练习的方法。运用竞赛法时应注意：

①明确运用竞赛法的目的。

②合理配对、分组。

③适时运用。

3. 体育知识与运动技能的学练法

学练法是指学生在教师指导下，按照一定的要求，相对独立地进行学习与练习的方法。体育教育中的学练法包括自学法、自练法、自评法。

（1）自学法

自学法是指在教师的指导下，学生学习体育与卫生保健知识，学习理解掌握动作技术的方法。自学法主要包括阅读法和观察法。

阅读法。阅读法是学生通过阅读体育课本及其他参考资料，感知理解体育与卫生保健知识和基本原理的方法。为了使学生的阅读达到预期的效果，教师要给予以下几个方面的指导：

①在指定体育课本的基础上，推荐一些适合学生阅读的课外读物，并参考课外阅读进行正确引导。

②要教会学生阅读方法，提高学习效果。

③要指导学生理论联系实际。

观察法。观察法是学生自己有意识地通过各种感官感知学练的内容，初步建立动作表象和正确动作概念的方法。在运用观察法时应注意：

①要使学生明确观察的目的。

②教会学生观察的方法。

③指导学生在观察中要注意动脑。

（2）自练法

自练法是在教师的指导下，以学生自身的独立活动为主，有目的地反复进行身体练习或实际操作，掌握体育与卫生保健知识，形成巩固提高运动技能的方法。自练法包括模仿练习法、反馈练习法、强化练习法。

①模仿练习法是学生按照提供的动作模式进行模仿性练习。

②反馈练习法是为获取学生自己所掌握的运动技能、操作技能与标准动作模式之间的差异的信息，以加强自我诊断，不断改进与提高运动技能与操作技能的方法。

③强化练习法是在多次反复练习的基础上，为了更好地掌握运动动作，创设比较复杂多变的练习条件与外部环境，通过自我强化，进一步巩固提高运动动作技能的方法。

在运用自练法时应注意：

①提高学生对自练法的认识。

②教师要教会学生自练的方法。

③创设自练的环境与条件。

④课内外有机结合。

（3）自评法

自评法是指在教师的指导下，学生相对独立地依据一定的标准对自己所学的知识，所掌握的运动技能进行判断，促进知识与运动技能学习的方法。自评法包括目标自评法、动作自评法、效果自评法。

①目标自评法是在教师指导下学生对自己的学习目标与现实可能性进行比较，判断学习目标是否合适并进行自我调节的方法。

②动作自评法是学生在练习过程中，能自己对照一定的标准，对自己完成动作的质量进行正确评判的方法。

③效果自评法是学生对经过系统练习后自己完成动作的效果与成绩进行自我评定的方

法。

在运用自评法时应注意：

①教师要传授自评的具体方法。

②创造学生自我评价与相互评价的条件。

③及时对学生自评情况进行分析。

第二节　体育教育与思想品德教育和心理健康教育的关系

一、体育教育中的思想品德教育渗透

（一）体育教育中思想品德教育的原则

体育教育中思想品德教育的原则是教师在教学中对学生进行思想品德教育必须遵循的基本要求，它是认真总结体育教育中进行思想品德教育的经验而提出的指导思想品德教育的准则。体育教育中思想品德教育的原则有方向性原则、正面教育原则、尊重学生与严格要求相结合原则、集体力量教育原则、知行统一原则等。

1. 方向性原则

方向性原则是指体育教育中思想品德教育要坚持社会主义方向，使学生成为有理想、有道德、有文化、守纪律、体魄健壮的全面发展的人才。

青少年学生正处在身心发展的重要时期，可塑性强。坚持思想品德教育的方向性，集中反映了社会主义体育教育的目的和要求。提出这一原则的依据是我国现阶段的教育方针。贯彻、运用本原则的基本要求是：

（1）要加强体育的目的性教育

根据国家的教育方针和学校体育教育的目标，向学生阐明德智体美全面发展教育的辩证关系，正确而深刻理解体育在全面发展教育中的地位及其作用，克服单纯追求兴趣和娱乐的倾向，激发学生为祖国锻炼的自学积极性。

（2）要充分挖掘教材的思想教育因素

在体育教育中，要把思想品德教育寓于具体的教学过程之中，要研究和掌握教材的特点，发掘其思想教育的独特功能，有针对性地对学生进行思想品德教育。结合体育知识，宣传我国体育事业的伟大成就，颂扬我国运动员“为国争光”的拼搏精神；通过武术、气功等民族体育教材加强对学生民族自尊心和自信心的爱国主义教育；通过组织教学等形式对学生进行遵纪

守法等教育。

（3）要贯穿于体育教育的全过程

思想品德教育、世界观的培养是一个长期的教育过程。体育教育是从小学到大学都开设的课程，应充分利用这一特有优势，根据不同阶段的特点，将思想品德教育贯穿其中，对于逐步形成良好的思想、品质和坚定的社会主义方向，定能起到积极的作用。

2. 正面教育原则

正面教育原则是指在体育教育中，从正面入手，用摆事实、讲道理、树榜样、启发诱导和言行一致等手段去教育学生，使其自觉地参加体育锻炼和接受形成良好思想品德的教育过程。提出这一原则的依据是我国社会主义教育的性质与学校体育的特点。贯彻、运用本原则的基本要求是：

（1）坚持正面说理，启发诱导，做耐心细致的思想工作

体育教育具有动态性与实践性特点，这为思想品德教育提供了可能性条件和机会。学生是通过体育锻炼来达到增强体质和培养良好思想道德品质的，如对中长跑中“极点”现象的克服不仅是对体能的严重挑战，更是对学生意志品质的严峻考验。教学中教师要从正面入手，动之以情，晓之以理，导之以行，使学生心悦诚服。

（2）防止热讽冷嘲、挖苦和杜绝体罚学生

由于青少年学生智力、体能都存在差异，无论对体育较好的还是较差的学生，教师都应满腔热情地给予关怀与帮助，决不能采取讽刺挖苦等方式。要坚决杜绝教师体罚或变相体罚学生。

（3）正确运用表扬批评法

教师要对在体育学习中表现好的学生，及时给予表扬和鼓励，对后进学生更要施以正面教育；对学生违纪和不良思想与行为，教师要根据场合、范围、对象、违纪造成的危害程度等予以及时的、恰如其分的批评教育。

（4）建立必要的规章制度

在体育教育中，要制定和贯彻有关的规章制度等，使之规范化、制度化，并把执行规章制度融入思想品德教育的内容。对学生进行文明礼貌、思想作风、组织纪律及安全教育，把耐心细致地讲道理疏导和必要的严格纪律约束结合起来，培养学生自约自律的良好习惯。

3. 尊重学生与严格要求相结合原则

尊重学生与严格要求相结合原则，是指在体育教育中，对学生进行思想品德教育时，要把对学生的尊重与信任和对学生思想行为的严格要求结合起来，使教师言行与要求，更易于被学生所接受。尊重学生，不是无原则的迁就；严格要求，也不是无理的苛刻要求，而是以教师对学生的热情、爱护为前提的。宽恕与怜惜不是教育，同样，苛求与责备也不是严格要求。因

此，在体育教育中，对学生进行思想品德教育，必须把对学生的尊重与对他们的错误行为的严厉批评结合起来，把严格要求和对他们行为的必要监督结合起来。贯彻、运用本原则的基本要求是：

（1）尊重和信赖学生

尊重和信赖学生是体育教师实施教育的基本前提。在体育教育中，无论对优秀学生还是后进生，都应充分地尊重学生的人格和权利，努力保护和激发学生的自尊心、上进心和自信心，使每一位学生都能充分地发挥自己的潜能，都有自己的尊严。

（2）要求要严格、合理、适当

在体育教育中，要根据体育教育的目标，对学生提出正确、适当、明确、具体的思想品德要求。对学生要求，要严而有理，严而有度，通过说理启迪，讲清道理，疏通引导，启发自觉，调动其积极性。在说理疏导的同时伴随规章制度的约束和引导，以使他们健康成长。既要防止简单粗暴、惩办主义，也要防止姑息迁就，放任自流。

（3）注意教师自身的典范作用

学高为师，身正为范，体育教师要求学生做到的，首先要从自身做起，起表率作用。从现代教育观点来看，理论的说服伴以榜样的示范，方能产生效果。“喊破嗓子，不如做出样子”，对学生进行思想品德教育，教师要以身作则，起典范作用。

4. 集体力量教育原则

集体力量教育原则是指在体育教育中，对学生进行思想品德教育，要依靠集体教育的力量，使学生在正确舆论的影响下，受到良好思想、品德和意志的熏陶与感化，从而形成高尚的思想品德。一个好的集体，对树立正气、倡导正义、抑制邪气有着重要的作用；一个健康的集体对激励学生积极向上，形成优良品德有着环境内化的效果。因此，在体育教育中，进行思想品德教育，应当重视依靠集体的力量，利用集体舆论的威力，定会收到事半功倍的效果。提出这一原则的依据是社会主义教育的性质与集体主义精神。贯彻、运用本原则的基本要求是：

（1）引导学生关心、热爱集体，为建立良好的集体而努力

在体育教育中，要发挥学生集体的教育作用，把学生群体培养成具有良好规范和社会行为的学生集体。通过建立学生集体来教育学生，促进他们良好品德的发展。

（2）结合教材特点，加强集体主义教育

在体育教育中，要充分挖掘教材中的集体主义教育因素，把思想品德教育渗透到教学中去，如利用接力跑培养学生的集体主义精神；在球类运动游戏和竞赛中，培养学生团结协作、勇于拼搏的精神和学生的集体荣誉感。

（3）通过集体教育学生个人，通过学生个人转变影响集体

要发挥集体的教育作用，首先在于教师要把集体当作教育的主体，先向集体提出要求，然

后让集体再去要求、教育和帮助它的成员。其次，在集体教育中，要注意通过学生个人转变来影响和培养集体。这样可以通过教育一个学生从而带动其他学生，培养正确的集体舆论和良好班风，使集体与学生个人互助促进，形成正确舆论导向，增强集体的凝聚力、向心力。

（4）把教师的主导作用与集体的教育力量结合起来

对学生进行思想品德教育，要充分发挥好教师的主导作用。同时，要善于运用集体教育的力量，使之很好地结合，以便收到更好的教育效果。

5. 知行统一原则

知行统一原则是指在体育教育中要把思想品德教育与参加实际身体锻炼和学生活动结合起来，把提高学生的思想认识与培养行为习惯结合起来，使理论和实践统一、知与行一致。知行统一，实质是理论和实际统一，认识和实践统一，即既要对学生讲清道理，又要对学生提出行动要求，使学生成为言行一致的人。提出这一原则的依据是马克思主义认识论。贯彻、运用本原则的基本要求是：

（1）联系实际，切实提高学生的思想认识水平

在体育教育中，要加强学生的体育道德修养，树立远大的理想和培育高尚的品德。

（2）在体育实践活动中陶冶学生情操

在各种活动中引导学生去分析、评价、解决体育实践活动中的思想、意志品质等方面的问题。要寓思想品德教育于体育实践活动之中，使学生在实践中提高认识、陶冶情操、锻炼意志、培养良好的品德行为习惯，并引导学生运用理论去分析、解决体育实践活动中的思想品德问题。

（3）要教育学生言行一致，知行统一

要引导学生把学到的社会主义思想品德的基本观点、原则和规范转化为自己的品德动机和信念，并贯彻到实际的活动中去，在实践中身体力行，反复训练，克服思想上和行动中的各种困难和障碍，养成良好的行为和习惯，做到言行一致，知行统一。

（二）体育教育中思想品德教育基本内容

1. 社会主义思想教育

在体育教育中，教育青少年学生牢固确立中国特色社会主义的理想信念，提高他们对社会主义的认识，只有提高了认识，才能使他们以顽强的意志在长期的磨炼中逐步建立正确的理想信念。在树立坚定的思想和道德信念过程中，人们的行动也随之逐步成为日常的习惯。

2. 爱国主义教育

热爱祖国，建设和保卫祖国，是中华人民共和国宪法规定的每个公民应尽的义务，也是对学生进行思想品德教育的重要内容。爱祖国首先是一种民族情感，同时它又是一种政治情感，是国民处理个人与民族、国家关系的基本道德规范和政治规范。

3. 集体主义教育

集体主义教育的基本内容，就是坚持集体利益高于个人利益，在保证集体利益的前提下，把个人利益结合起来，当两者发生矛盾时，个人利益必须无条件服从集体利益。

体育教育一般是以班级形式组织的集体性活动，要求有组织、有纪律、密切合作、互相帮助，共同完成某一活动。体育教育从内容到形式，从方法到要求，都具有鲜明的集体性。无论参加哪一项体育活动的评比和竞赛，都面临着一个为集体争取荣誉的问题。少年儿童在体育活动中，从实际行为反映出个人与集体、个人与个人之间的许多思想、态度和感情，因而体育教育比一般教学有更多进行集体主义教育的实际机会，可以发挥较好的教育效果。

4. 民主法制和组织纪律教育

在体育教育中，特别是在游戏和体育比赛中，每个人都必须遵守比赛规则，在规则面前人人平等，任何人违反规则都要受到批评教育，这是少年儿童接触民主和法制教育的开始。同时，在体育教育中，严格执行课堂常规，加强队列队形等教学与训练，也是对学生进行组织纪律和遵纪守法教育的重要的内容。

（三）体育教育中思想品德教育的途径

1. 体育课堂常规

体育课堂常规是把体育教育中必须遵守的基本要求加以规范化、制度化，融入思想品德教育的内容。贯彻体育课堂常规的过程，就是对学生进行文明礼貌、思想作风、组织纪律及安全教育的过程。在体育教育中，教师要通过严格执行课堂教学常规，如考勤制度、爱护运动场地器材、团结互助和安全教育等要求，以创建和谐教学氛围，努力培养学生自约自律的良好习惯。

2. 体育教材内容

在体育教育中，通过体育教材对学生进行思想品德教育，要充分挖掘教材中的教育因素，把思想品德教育渗透到教学中去，如利用接力跑培养学生的集体主义精神；利用中长跑培养学生吃苦耐劳精神；在体操、跳跃、跨栏等项目中培养学生机智、果敢的精神；在球类运动中，培养学生团结协作、勇于拼搏的精神；在舞蹈、韵律体操教学中培养学生美的形体与美的情操；在游戏和比赛中培养学生的竞争意识；在武术、气功教学中，培养学生的民族自尊心和自信心等。

3. 课的组织教学

合理运用组织教法是对学生进行思想品德教育的基本途径之一，如通过队列、队形练习对学生进行作风培养；通过组织学生上下课取送器材、保养和维修体育器材，培养学生爱劳动、爱公物的品德；通过安排学生当小组长、小教练，培养学生的责任感等，对学生进行思想品德教育。

4. 突发事件处理

体育教育中由于学生处于动态中，活动社会空间大，影响因素多，在课堂中常出现事先难以预料的突发事件。在出现突发事件后，教师及时加以引导教育，可以起到意想不到的教育效果。在可能发生师生冲突时，教师应进行冷处理，教育学生照常活动，待课后再行处理。

（四）体育教育中进行思想品德教育的方法

1. 说服法

说服法是通过摆事实、讲道理，提高认识，影响学生言行的一种方法。这是一种最基本的、运用最广泛的方法，由讲解、座谈、讨论、对话等一系列具体方法所构成。

2. 榜样法

榜样法是指教师以他人或自身的模范行为和典型事迹教育学生的一种方法。由于青少年学生在思想品德和个性发展形成过程中，模仿性强，可塑性大，所以榜样对青少年学生具有很大的感染力和说服力，具有其他方法难以替代的特殊作用。

3. 评比法

评比法是指通过对学生在体育教育中的思想品德行为进行比较评价，用以表彰先进、激励后进的一种方法。运用时应注意：首先，要有明确的目的，评比前就要对评比效果心中有数；其次，要有具体的评比条件，如行为规范、课堂常规及运动技术技能和运动规则的掌握等，评比条件要简明、具体，以利于公平竞争；再次，要重视检查、公布与总结的全面性和公布结果的准确性、公正性。

4. 表扬法

表扬法是指对学生的优良的思想品德和行为作出肯定的评价，用以巩固与强化教育效果的一种方法。表扬可分为赞许和表扬两种。赞许是对学生的品行和个性表现表示赞同和称赞，同时以口头语言或点头、微笑等表情来表达。表扬是对学生的品行和个性表现公开肯定，运用表扬法应注意及时给予赞扬和强化，以增强学生的上进心和自尊心；善于发现后进学生身上的闪光点，点燃自尊的火焰，增强其信心；表扬学生应恰如其分，防止夸大事实，引起学生反感。

5. 批评法

批评法是指对学生在课上表现出的不良的思想品德行为和个性表现作出否定的评价，用以克服和改正他们的缺点和错误的一种方法。批评法可采取个别或当众进行的方式，也可采取口头与书面的批评形式。运用批评法应当注意：首先，批评前要深入了解情况，核准事实；其次，要指出学生的错误所在；再次，尽量避免公开的指名道姓批评。

二、体育锻炼与学生个性发展

所谓个性，是指个人所具有一定心理倾向性和比较稳定的心理特征的总和。它是个人在自然素质的基础上，由于社会的影响，通过个人的活动而形成的。个性有广义和狭义之分。广义的个性指人的整个心理结构，个性即人格；狭义的个性即个性倾向性，包括需要、动机、兴趣、信念和世界观等。

（一）体育教育对学生个性发展的作用

个性中的心理倾向性是个性结构中最活跃的因素，是人进行各种活动的基本动力，这主要表现在人对认识和活动的倾向性选择，以及对个性心理特征具有指向性与制约性的作用。个性心理特征即是个性结构中比较稳定的部分，其对人的其他心理活动均有影响。影响一个人个性发展的主要因素是遗传、教育和社会环境，其中后天的教育是起决定性作用的因素。在学校教育中，由于体育教育具有区别于其他学科的特点，即上课课堂宽广；课中的教与学、学与练既以自身个体练习为主，师生之间、学生之间又有频繁的交流与接触；课的组织既有分散的个体或小组进行练习与活动，又有全班统一在教师带领指导下进行活动或练习。所有这些，无疑对学生个性的发展起独特的作用。

1. 体育教育能使学生个性得到充分的展示和发展

体育实践课的教学都是在室外，在教师的指导下进行各种身体活动、游戏、教学比赛等。学生各种不同的行为、兴趣、情绪与动机等，在身体运动过程中会得到充分的展示与发展，甚至表现出独特的创造性。

2. 体育教育对学生个性发展能起稳定作用

体育实践的教学，需要学生身体直接参与活动，并在某一动作或练习中进行反复多次的练习。所有这些身体活动都会给机体感官施加刺激，在头脑中引起主观意识感受（即心理感受），在个性上形成相关、稳定的心理特征，并能迁移到社会因素刺激中去，从而对学生个性发展起到稳定作用。

3. 体育教育对学生个性发展起调整作用

体育实践课的教学，是在室外的广阔空间，是在师生之间、学生与学生之间的广泛接触与交往中进行的，特别是学生之间，既有个体间的交往，又有个体与集体、集体（小组）与集体之间的交往，学生基本上是在一个开放性的空间交往和人际关系环境中进行学习与活动的，这无疑对提高学生社会适应性和调整学生的个性都有积极的意义。

（二）在体育教育中发展学生个性的基本要求

1. 善于识别和承认学生的个性

学生的个性千差万别，有胆大的、懦弱的、合群的、孤僻的、好动的、爱静的、好表现的和藏而不露的、好斗的与怕事的等。通常这些个性又都隐藏于他们的优点或缺点之中，最易在体育教育中的各项活动与身体练习中表现出来。因此，要培养和发展学生的个性，教师就得首先善于从每一位学生的优缺点中发现辨认出不同个性，以后才是有针对性地施加引导和教育，使其逐步形成良好的个性。与此同时，教师还应承认和允许不同个性的存在与发展，绝不可强求一个模式的个性，事实上也是不可能的。只要是不妨碍他人与集体的，就应根据学生不同的个性，因势利导采取不同的方式、方法手段加以引导，使其克短扬长，发展各自健康的个性。

2. 辩证处理统一要求与发展个性的关系

由于体育教育自身的特点，教学中大多数活动或练习是有统一要求和规格的。例如，队列、队形操练，就是要动作统一、步调一致，还有徒手操、武术动作也是有一定的统一规格的。但教师绝不应因为这样，就忽视学生个性的发展，而应在不影响课的目标实现的前提下，一方面教师要钻研教材中利于发展学生个性的因素，另一方面允许学生发挥各自的特长和不同的技术风格。例如，田径类的跳类项目的起跳与助跑的距离就没有必要要求统一；还有在教学比赛时，应允许学生在规则许可前提下，根据个人的特长去尽情发挥，运用已有的技术，从中发展学生的技术特长与个性。那些要求非统一不可的动作与练习，也应在生理负荷的安排上既有统一要求，又要允许不同素质、训练水平的学生有一定灵活度。总之，在教学中应在统一要求的前提下，允许学生个性的发展和“尖子”学生的成长，但应避免超越现实条件，去追求所谓的个性自由。

3. 认真钻研教材，设计新颖的组织教法

为了体育教育教程机动活泼、紧张有趣，引导学生建立正确的学习动机与兴趣，培养学生坚毅、勇敢、不畏困难、勇于进取的精神，教师要针对学生不同的个性，因势利导运用教材、教法去引导和发展学生个性。身为“闻道在先”的教师应认真研究和挖掘教材内在的魅力和钻研新颖、有趣、实效的施教方法。同时，还应及时收集、掌握教学刺激对学生个性发展影响的信息反馈，及时调整教法手段和学生心理，使教法更加合理化，学生身心达到最佳状态，满足增进学生身心健康和完善学生不同个性的需要。

（三）发展学生个性的方法

在体育教育过程中，发展学生个性的方法是比较多的，那些发展体育方法、体育知识与运动技能教法和思想品德教育的方法，都有可能发展学生个性。除此以外，体育教育中尚有更适用的方法。

1. 启发诱导法

启发诱导法是指在教学的开始，由教师提出问题，引发学生去探求解决问题的基本办法，在教学过程中，引导学生逐渐达到教师的要求，最后由教师提供正确答案的方法。本方法是以辩证唯物论的认识论作为哲学基础，即在教学中，遵循外因通过内因起作用的辩证关系，重视学生动机的培养，激励学习兴趣，促进学生乐学、苦学与会学的学习态度和习惯的形成，以充分调动学生的主观能动性与创造性，发展学生个性。运用这种方法时，应注意把问、学、思、辩与行有机联系起来，全面发展学生的体力、智力、良好心理活动和个性。

2. 学导法

学导法是指在教师的指导下，学生进行自学、自练的一种方法。它既是一种教学法，同时又是一种教学思想的体现。是一种充分体现教学过程中学生是学习主体的教学思想，也就是在充分发挥学生主动性基础上，教师采用各种手段、创造条件，积极引导学生主动探索、积极锻炼、发展体能和发展个性。在体育教育中运用学导法，通常是按提示、自学解疑、精讲、演练和小结的模式进行。

提示，是导入新课，提出课的目标和激发学生学习的主动性。

课前预习，课上自学、自练，通过反复练习，了解重点，掌握难点，为进一步自学和教学打下基础。

解疑，即由学生自设问题，通过自练和同伴间的相互讨论或教师辅导与答疑。

精讲，即由教师重点讲解、示范，着重讲解教材的重点、难点。

演练，即课堂上反复自练，课后继续坚持自学自练，以掌握动作技术为目标。

小结，学生之间进行自我评价和互评“三基”掌握情况，教师也可对学生进行考核、评价，并提出课外练习和对下次课预习的要求。

以上六个过程中自学、精讲和演练是主要环节，其他三个为辅助环节。

第三章　学校体育课程

第一节　体育课的类型与结构

一、体育课的类型

体育课的类型指根据体育教育目标、教材内容特点和学生学习的需要所划分课的种类。由于每次课要完成的教学目标不同，所以就有各种不同的课型。换言之，体育教育的总目标需要采用多种的课型来实现。对课型的研究，旨在更好了解和掌握不同课型的特点，根据体育教育目标的需要来选择课型，有针对性地运用教学原则，选择教法，安排教材和组织教法措施，提高课的教学质量。

体育课型是由课的目标、内容、教法、学法、师生特点及环境条件所决定的。从体育教育目标和教材内容性质上来区分，可将体育课分为理论课和实践课两大类。

（一）体育理论课

体育理论课指向学生传授体育、健康、国防的基础理论知识和基本方法的一类课型。亦称为体育健康教育课。其作用：通过向学生传授体育、健康、国防的基本理论知识，提高学生的人文素养；培养学生的体育、健康和国防的意识，激励学生学习和参加体育活动的兴趣与爱好，使学生具备有关的知识并能运用这些知识去指导自身的卫生保健和体育锻炼活动。

体育理论课的基本内容有：学校体育教育、教学的目标与要求；体育概念与地位作用；体育卫生要求与科学锻炼身体的方法；学校体育卫生法规；体育教材内容体系与运动知识、竞赛规则简介；健康的概念、卫生保健措施和国防常识教育等。

根据教学目标的要求不同，体育理论课又可分为讲授课和考查课两种类型。

1. 讲授课

讲授课是体育理论课的主要形式，是指按照体育教育计划，在课堂上向学生系统地讲授体育、健康和国防基本理论知识的课型。根据学校体育工作、体育教育目标及学生身心等的需要，合理地安排理论课的教材内容及比例。例如，在中学低年级中重点讲授体育锻炼的内容手段、方法及体育卫生要求等，而高年级则增加竞赛规则、技战术分析、安全急救和军事知识等，扩大高年级学生的体育健康知识面和文化素养。理论课的内容也可以根据地方传统、季节体育活动特点和重大体育节事来安排。总之理论课应紧密联系实际，起到指导体育实践的作用。

2. 考核课

考核课是检查学生掌握所学理论知识的情况的一种课型。它一般安排在期中或期末进行。考核的方式有抽查个人或小组、课堂测验、期中期末考试等。考核后要进行评分和试卷分析，对存在问题应向学生进行讲评。

（二）体育实践课

体育实践课指根据教学进度所规定的教学内容要求，组织学生在体育场馆进行身体活动练习的课。它的目的是帮助学生掌握锻炼身体的基本动作、技能与方法，发展体能，增强体质，促进学生身心健康。根据每次课的具体教学目标的不同，实践课一般可分为新授课、复习课、综合课和考核课4种课型。

1. 新授课

新授课指以学习新教材内容为主的课型。其主要任务是帮助学生形成正确的身体活动动作的概念与表象，初步掌握活动动作的要领与方法。在进行新授课教学时，应注意处理以下几方面的关系：

①使学生明确学习新教材内容的作用和基本要求，并扼要阐明新内容与旧内容的内在联系，激发学生对新内容的兴趣和积极性。

②教师应正确地运用讲解与示范，以及采用辅助、诱导、帮助、保护等教法措施，帮助学生在学习新教材内容过程中，迅速地形成正确的概念与表象，明确完成新动作要领与方法，使学生更快领会和掌握新动作。

③教师应根据新教材内容的性质和学生的具体情况，合理地、科学地安排教法、教学步骤，分清主次，突出重点、难点，符合学生的实际，减少学生学习教程的困难，提高教学效果。

④帮助学生掌握所学新动作的基本环节，注意纠正学生中普遍存在的错误，加强辅导，使学生尽快正确地掌握新动作。

⑤新授课中，教师应安排与调节好课的练习密度和生理负荷，精讲多练，使学生既能学习和掌握好动作技能，又能使机体活动能力得到提高与发展。

2. 复习课

复习课是对所学过的教材内容进行复习、改进和巩固提高的课。复习课不是简单地重复已学过的教材内容，而是在原学习的基础上逐步地熟练、巩固、提高动作质量，形成正确、牢固的动力定型。提高复习课的效果，合理组织教学是关键，在具体教学时应注意以下几方面的要求：

①在复习课中，根据学生对已学教材所掌握的实际情况，提出新的、具体的教学目标与要求，并考虑如何采用有效的教法措施来实现这些基本要求。

②教师应帮助学生改进、巩固和提高动作的质量，应在统一指导的基础上注意区别对待，根据学生能力和水平不同提出具体的要求。善于发现学生的优点与缺点，通过比较、分析、纠误等教学措施，调动不同学生练习的积极性，提高教学质量。

③为了改进、巩固和提高动作质量，发展学生体能，增强体质。在复习课中，应根据实际情况适当增加练习的重复次数和强度，合理地增大这类课的生理负荷。

3. 综合课

综合课是新授课内容和复习内容合理搭配的一种课型。即学生在课中既要学习新内容，又要复习已学过的内容。它是目前中小学校体育课中最常用的一种课型。其优点：可以使同一教材内容的新旧知识结合，有利于加强教材内容的内在联系及整体性，以促进新动作的形成与提高。也可以是不同教材内容的新旧搭配，如上肢与下肢活动教材内容的搭配，这有利于促进学生身体全面发展，增强体质、体能。为了提高综合课的教学质量，具体应注意以下几点：

①注意合理安排新旧教材的教学顺序，加强教材内容之间的联系性和整体性。

②在实际教学组织过程中，合理搭配不同性质、不同难度的新旧教材内容。

③根据新旧教材内容特点和要求，对不同年龄、性别、水平的学生进行合理分组练习，并合理地分配练习时间，安排练习密度和生理负荷。

4. 考核课

考核课是以检查学生阶段或学期学习成绩为目的的一种课型。即给予学生某一种教材内容或某一阶段的学习情况以终结性评价。主要包括智能、技能与体能三个方面的评价。在组织考核课时，应注意以下几点基本要求：

①考核课前应使学生明确考核的目的、内容和基本要求，端正学生对考核的认识态度，使学生在身心上能做好充分准备。

②组织学生充分做好准备活动，准备活动时间是根据考核项目的需要而定。除安排测验项目内容外，可以适当地安排一些轻快的练习内容。其意义：一是可使未轮到考核的学生保持良好的身体活动状态参加考核；二是可使考核完的学生得到放松，调节紧张与疲劳。

③考核课应加强安全措施教育，防止伤害事故发生。

④认真做好考核的准备、组织和记录工作，如准备测试表格、秒表、皮尺及场地等。计划安排好时间，培养学生骨干，客观地测定与记录学生考核成绩，以保证考核课的顺利进行。

除上述几种课型外，在一些中学的高年级中也开设了如专选课、健身健美课、保健体育课等，这些课型正处于探索与发展的过程中，尚未大面积推广。

二、体育实践课的基本结构

（一）课的结构的概念与意义

课的结构是指组成一节课的几个部分，以及各个部分教材内容和组织工作的安排顺序与时间的分配等，即是整个课堂教学活动模式的框架。课的教学活动过程包括教师、学生、教材内容、教学手段与条件四个方面的因素。因此，课的结构框架设计与上述四要素有密切关系。

课的组织工作的安排顺序是指一节课中教与学的各项活动的合理安排。教的活动包括教师的讲解、示范、保护、帮助、辅导、分析、纠正错误、评价及调动队伍等。学的活动包括学生的听视、自学、自练、自测、自评、互相观察、互相帮助及合理休息等。

各个部分教材内容的安排顺序是指课的各部分教材内容的有机联系及所占时间的比例等。合理地安排教材内容顺序与时间，有利于学生更好地掌握动作技能，提高身体机能，增强体质。

课的结构可分为基础结构和具体结构。课的基础结构一般是指组成课的各个部分，具有相对稳定性。课的具体结构是指课的各个部分具体的安排和设计，包括各个部分的教学目标、学生特点、教材性质、组织教法措施、密度和运动负荷以及时间分配等。

（二）体育实践课结构的理论依据

体育实践课的最大特点是学生通过大量的身体活动和承担一定的生理负荷来完成课的教学任务。因此，在研究和确定结构时，既要遵循教学过程的基本规律，又要遵循学生身心变化的规律。

1. 学生生理机能活动能力变化规律

机体机能活动能力变化可分为三个阶段：一是人体由相对安静状态进入工作的状态，即机体工作能力上升阶段，这阶段在课结构中称为准备部分；二是机体工作能力从较低水平逐步地提高到较高水平，并在相当一段时间保持最高水平的阶段，这阶段在课结构中称为基本部分；机体工作能力经长时间较剧烈的身体活动和承受较大的生理负荷后逐渐下降，称为机体工作能力下降阶段，即课的结束阶段。

2. 学生的心理活动变化规律

学生的心理变化与体育课及各部分的具体教法、内容的安排有直接的关系，其实在体育课之前，学生的心理已经发生变化，通常称为运动前状态或课前状态。例如，课前学生想到要上课和参加各种体育活动，就产生兴奋和跃跃欲试的心理，这是学生课前情绪高涨、心理状态良好的表现；而有些学生想到要上体育课就产生害怕、怕苦、怕累的心理。所以，学生的课前的心理状态与以前体育课的体验和将要上课的具体学习内容等都有密切的相关。

3. 教学过程的一般规律

体育课的结构在很大程度上还取决于体育教育过程的基本规律，如认识事物的规律、动作技能形成的规律和教与学的辩证统一规律等。合理的课结构能帮助学生机体更好、更平稳地进入工作状态，使机体工作能力尽可能长时间保持在稳定和适宜的水平，从而为实现课的教学目标，完成各种身体练习创造良好的条件。在课的具体结构划分时，如果不注意考虑体育教育过程的基本规律及要求，就会导致不切合实际，浪费时间，影响学生学习积极性与兴趣，严重的还会伤害学生的身体等。

此外，在具体确定体育课的结构时，应认真考虑课的类型结构与教学目标、教材内容、学生身心特点及教学条件等因素的关系。

（三）体育课的结构

1. 课的基本结构

根据上述确定课结构的理论依据与体育教育过程的特点，将体育实践课的基本结构划分为准备部分、基本部分和结束部分三个阶段。体育课的基本结构的划分与机体生理机能活动能力变化的规律关系见表3-1。

表3-1　体育课的基本结构的划分与机体生理机能活动能力变化规律的关系表

课结构	生理机能变化	各部分机体工作能力特点	各部分教学目标	课的内容和组织教法特点	各部分时间（每课时间按45分钟计）
准备部分	上升阶段	主要是进行生理上和心理上的准备，逐步提高大脑皮层的兴奋性，使机体进入工作状态	（1）使学生明确课的任务，有组织地开始一节课。 （2）培养身体的正确姿势，促进身体的全面发展。 （3）为学习基本部分教材做好准备活动	（1）课的内容主要是课程标准的基本队列、队形。 （2）准备活动性质分为：一般性准备活动、专项准备活动。 （3）为学习基本部分教材内容做好准备活动	约占课的总时间的15%～20%，7~9分钟
基本部分	稳定阶段	使机体工作能力处于最佳状态，大脑皮层具有最适宜的兴奋性	（1）使学生学习和掌握体育的基本知识、基本技术和技能及锻炼身体方法手段。 （2）发展学生的身体素质，增强体质。 （3）培养良好思想道德品质	（1）教学内容根据课程标准并结合学校实际情况进行安排。 （2）组织教法特点：①合理安排主要教材内容学习顺序；②安排辅助练习、诱导练习和教法步骤；③确定教材内容练习的次数和时间，合理安排课的密度和运动负荷；④安排练习分组和分组形式	约占课的总时间的65%～70%，29～32分钟

续表

课部分	生理机能变化	各部分机体工作能力特点	各部分教学目标	课的内容和组织教法特点	各部分时间（每课时间按45分钟计）
结束阶段	下降阶段	机体出现疲劳，大脑皮层兴奋下降，工作能力逐步下降	有组织地结束教学活动，使机体逐渐恢复到安静状态，对本课做简要总结	轻松自然走步，徒手放松练习，简单的舞蹈，平静的活动性游戏等。扼要小结本课教学，布置课外体育锻炼的作业	进行约占课的总时间的10%，约5分钟

（1）准备部分

课准备部分的基本目标是：迅速地将学生组织起来，集中学生精神和注意力，明确教学目标与要求；组织全体学生充分做好准备活动，使身体各主要肌肉群、关节、韧带得到充分活动，使各器官系统机能迅速地进入工作状态，帮助学生以饱满的精神和适宜的身体状态去参加一节课的学习活动。准备活动不仅能使学生身体全面活动开来，而且可以帮助学生形成正确的站立、走步的姿势。

准备部分的基本内容按其性质与目标，可分为组织教学所必需的教学常规、一般性准备活动和专门性准备活动。

教学常规活动是指每节课开始时所需进行的一些基本活动，主要包括全班整队、检查人数、宣布教学目标与要求、检查服装、布置见习生活动内容、队列队形练习等。

一般性准备活动是指促进学生身体全面发展的活动。通常有各种走、跑、跳、投练习，各种徒手操或持轻器械练习，传统项目基本动作，游戏，舞蹈等。

专门性准备活动是指其动作的性质和结构与基本教材有关或相近似的练习。主要有模仿练习、诱导练习或辅助练习，基本功及掌握该项教材内容所必需的身体素质练习等。

准备部分的内容选定应具有全面性、多样性、针对性和渐进性。全面性指所选用的活动内容使学生身体全面发展，形成优美体格和姿态。多样性是根据教学目标与学生特点，合理地变换练习内容与组织教法，以提高学生学习的兴趣和积极性。针对性指按基本教材内容来选择专门性练习，以帮助学生更快地掌握新学习的动作。渐进性是指练习的安排应符合人体机能变化规律，做到由轻到重，由慢到快，由易到难地渐进。

准备部分的组织教法：练习方式可采用集体或分组形式进行，既可定位练习，也可以行进间练习。队形应根据具体情况加以变化，以提高学生学习的兴趣。

准备部分的时间大约8分钟，一般应根据教材内容性质、学生特点、季节气候等具体情况来确定。

（2）基本部分

基本部分的目标：学习、复习、考核课程标准和教学计划规定的主要教材，使学生掌握科学锻炼身体的知识、技能和方法，发展体能，增强体质，增进健康，培养良好的道德品质和行为习惯。

基本部分的内容：包括学校体育课程标准规定的教材内容和结合本地区、本校实际情况所选用的具有乡土特色的教材内容，以及根据学习主教材的需要而选定的辅助性、诱导性练习等。

基本部分的组织教法：组织形式一般可采用分组轮换与不轮换的形式进行。基本部分的教学是完成课教学目标的主要部分。关键在于组织好教学，提高教学质量和效果。在组织和抓好基本部分的教学时，应认真处理好以下几方面的问题：①通常应将新的、较复杂或难度较大的、发展速度快和灵敏性的教材内容放在基本部分的开始阶段，使学生具有饱满的精力去完成较复杂、较难的学习任务。一般将易引起高度兴奋的教材内容或消耗体力较大的教材内容放在后面，如教学比赛、竞赛游戏、力量和耐力、强度与量大的练习等。②应根据课的目标和主要教材内容的性质与学生的特点，正确地选择和安排一些必要的辅助练习、诱导练习、转移性练习和体能练习，如在进行难度大或强度大的练习前应做一些相应的专门性准备练习和辅助性练习。③根据课教学目标、教材内容性质、学生特点和场地器材设备等具体条件，设计和安排好练习的密度、生理负荷与心理负荷。采用相应、有效的组织教法措施，调控练习的次数、强度与休息时间，使之合理地交替进行，使基本部分的练习的密度、生理与心理负荷达到适宜的程度。④根据学生人数、场地、器材条件和身体练习的需要，选定全班、分组或个人的形式进行练习，根据本班学生人数多、场地器材少的情况，一般多采用轮换的形式进行。采用分组轮换形式时，应注意照顾体质弱和女生的小组，保证让他们按较合理的顺序进行练习。

基本部分时间的安排取决于教材内容的性质、负荷和学生特点等，按45分钟的课为例，一般约占30分钟。

（3）结束部分

结束部分的目标：这阶段主要是有组织地结束课的教学活动，使学生身体逐渐地恢复到相对安静状态，对课的教学情况进行小结，布置课外作业的任务，预告下次课的内容等。

结束部分的内容：根据基本部分最后一个教材的性质和运动负荷大小的情况，选用一些动作结构简单、节奏缓和、轻快的身体练习，如活动性游戏、徒手操、舞蹈、慢跑等。小结本课的教学情况，提出需要注意的问题，布置课外锻炼作业，预告下次课的内容和收拾器材等。

结束部分一般采用全班集体的形式进行，也可分组进行整理放松活动，然后集中全班小结。结束部分的时间一般为5分钟左右。在实际教学中，不能挤掉结束部分的内容与时间，否则会影响课的效果及学生的身心健康。

体育实践课几个部分的划分是相对的，它们互相衔接、紧密联系、和谐统一构成课的整体。基本部分是完成教学目标的主要部分，而准备部分和结束部分不单是为基本部分教学目标服务，也具有教育和教学因素。在对课结构进行认识和理解时，不能将其结构看成是固定不变的几个部分，在教学实践中，只要不违反学生的身心发展规律，符合实际，有利于完成教学任务，教师可按情况采用多种结构模式。例如，在小学或中学低年级的体育课，为了加强组织教学，也可把准备部分分为“开始”和“准备”两个部分，而课的结构即由四部分组成；如为了突出学习与锻炼的课结构，分为准备部分、学习部分、锻炼部分、调节部分；如“快乐体育”的倡导者在课的结构上，提倡机动灵活，“快乐体育”是以游戏为中心的身心活动过程，这类课的准备部分与基本部分或基本部分与结束部分的界限的划分就不是那么明显的；例如，课的最后一个活动内容即是基本部分的教材内容，也可以是结束部分的整理放松的内容；还有以心理活动变化规律所设计的体育课结构，如由活跃情绪、启发兴趣、保持活动情绪、发展运动能力、稳定情绪、恢复身心等几个部分构成的课。

总之，在设计课的结构时，应根据教学目标、教材内容及学生身心特点而定。

2. 课的微观结构

课的微观结构（具体结构）是指课的各个部分的具体内容的顺序与时间等的设计与安排，包括各个部分的教学任务、内容、组织教法措施、密度和生理负荷以及时间分配等。由于每次课的各个部分的具体内容有所不同，所以，课的具体结构有明显的灵活性和变异性。因此，教师应根据课的目标及各部分的任务，认真设计、组织好微观结构的教学工作，确保课教学目标的达到。

课的准备部分的具体内容包括：整队、检查人数、宣布课任务与要求，布置见习生活动内容，队列练习、集中注意力练习、一般性准备练习，专门性准备练习游戏以及讲解示范和队伍调动等，教师要在仅7~9分钟内完成各项活动。所以必须预先认真设计好每一项活动的具体次数、时间。如教师讲解示范占多少时间，学生准备活动占多少时间。各项活动的前后顺序与联系等，都要一一计划安排好，才能确保课的顺利进行。

基本部分的具体内容有：教师讲解示范、专门性练习、新旧教材内容对比、教和学的步骤、正误对比、教学比赛、游戏、身体体能练习、学生练习与休息、队伍调动等。在教学实践中，除注意各项目前后顺序及联系安排外，更应注意各项的分组练习次数与时间的分配，如对新教材急行跳远教学（表3–2）。

表3-2 急行跳远教学步骤设计

	次数	时间	组	每组人数	负荷
1. 教师讲解示范	2~3	1分30秒	二	15	
2. 原地跳远	3~4	3分钟	二	15	小
3. 5~7步跳远	3~4	4分钟	二	15	中小
4. 全程助跑跳远	5~6	6分钟	二	15	中小
5. 纠正错误	2~3	1分钟	二	15	小
6. 队伍调动	1	30秒	二	15	小

结束部分的具体内容一般包括队伍调动、全身放松练习、呼吸练习、游戏、舞蹈以及总结和布置作业等。在这部分应对每次活动都作出具体安排（表3-3）。

表3-3 结束部分内容

内 容	节 拍	形 式	时 间	脉 搏
抖上臂	2×4×8	全班双人	1分钟	130次／分钟
踢腿	2×4×8	全班双人	1分钟	110次／分钟
集合		全班	10秒	100次／分钟
小结		全班	1分钟	95次／分钟
作业		全班	50秒	85次／分钟
合计：4分钟				

课的结构是完成教学任务主要环节，所以教师应根据实情，认真地设计、安排、组织好各环节的教学，以保证课的顺利进行，提高课的教学质量。

第二节 体育课的组织

体育课的组织是一项十分复杂而细致的工作，它是否严谨、合理，会直接影响体育课的教学效果。因此，加强对体育课组织工作的研究，对于顺利实现课的目标具有重要的作用。要求教师应认真学习、掌握好课组织工作特点与方法，并具备这方面的能力。

一、概念

体育课的组织是指为实现课的教学目标所采用的各自合理措施与手段。体育课主要在室外或操场上进行，学生须参加各种身体活动来实现课的教学目标。这些处于动态中的教学活动不仅范围大，而且复杂多变，来自外界环境干扰较大。还有各项活动衔接和轮换时，要进行队列、队形的重新调整等。因此在课中的组织教学工作显得尤为重要。所以，根据课的教学目标、教材性质、学生特点、环境条件、气候等情况合理地组织教学工作，不仅有利于营造良好的教学氛围，充分调动学生学习的自觉性和积极性，而且合理利用场地器材，防止外来干扰或伤害事故，确保课能严密紧凑地顺利进行，提高教学的效果与质量。

二、体育课组织的内容

体育理论课和实践课是两类不同性质的课。因此，在组织教学工作内容和要求上也就有所不同。

1. 体育理论课组织工作的内容

主要有课堂常规、集中学生注意力、提问、讨论、板书、演示挂图模具、组织学生朗读、课堂测验和练习以及布置作业等。在理论课教学时，认真组织好各项教学活动，结合教学内容性质，启发、引导学生独立思考，积极参加教学的全过程，为学生的学习创造一个良好氛围。

2. 体育实践课组织工作的内容

主要包括课堂常规、队列、体操队形、编班分组和教学、组织学生练习和锻炼身体、安排保护、帮助和休息、队伍调换、场地器材的布置以及体育干部的培养和使用等。课的各项活动的组织工作是交错进行、互相联系的。所以，教师应根据实情全面考虑各项教学组织工作的具体操作，做到统筹安排，相互配合，讲究实效。

三、体育理论课的组织

在理论课教学中，教师是施教者，起主导作用。学生是受教育者，是学习的主体。教师组织课堂教学质量的高低，直接决定着课教学的成败。因此，为了提高体育理论课的教学质量，体育教师应认真研究理论课的结构和组织教法及教学技巧。课中教师的教学组织安排合理、恰当，是激发学生学习积极性和兴趣的前提，如教法灵活运用，讲授内容前后衔接，课各环节紧扣，时间分配合理，教学过程有条有理，主次分明，自始至终吸引住学生的注意力，启发每个学生积极开动脑筋进行独立思考，帮助学生掌握好体育、健康的基本知识与方法，以保证能按预定的方案进行，达到预定的教学目标。下面介绍一般理论课的教学程序：

（一）组织教学，安定课堂秩序

任何类型的课，一开始都必须做好组织工作，集中学生的注意力，把课堂秩序搞好，为课的顺利进行创造良好的气氛。

在教学开始后，要注意维持良好的课堂秩序和集中学生的注意力，并以体育、健康的教材内容本身来吸引学生，使他们产生学习的动机和兴趣，积极地思考问题，认真做好笔记。如果发现注意力不集中的学生，可采取提问、注视等方法去集中他们的注意力。

组织教学是一项复杂的、具有高度技巧的活动，不但要求教师根据学生在课堂学习的活动情况和反馈信息，及时调整课堂教学各个环节的工作，而且要求教师善于机智灵活地处理课堂上各种意外问题发生，及时排除干扰，以保证课能按预定计划顺利进行。

（二）复习提高，加强新旧知识的联系

一般新知识的讲授，常在联系或复习旧知识的基础上进行。其意义：一是可以帮助学生再现和巩固旧知识，二是可以加强新旧知识的内在联系。温故而知新，在原有知识基础上导入新知识。复习的内容一般是上一节课的重点，或与新授知识有联系的，目的是为新授课做准备。新授课导入的方法有多种：温故导入；演示导入；由生活中某些现象或典型事例导入；用实物、模型和挂图导入；检查分析测验、作业以导入新课等等。

（三）讲授新内容

讲授新内容通常是课的主要组成部分。教学目标的实现，主要取决于此阶段师生教学双边活动。教师对所讲授内容是否全面深入，是否抓住重点和难点，实验或教具准备是否充分，教学方法、技巧运用是否熟练灵活，都要在这个环节中体现出来。因而，教师必须充分重视这个环节，把教材内容、教学原则、教学方法、教学技巧及教学条件紧密结合起来，认真地、创造性地完成新授知识的教学任务。

在引导学生学习新内容时，教师应根据学生的年龄特征、已有知识水平、教材内容性质和教学要求，恰当运用教学方法和教学技巧，以促进学生自觉地、积极地感知和思考，帮助学生尽快地掌握新授知识。在讲授新内容的过程中，要求做到：

第一，注意保持教材内容的系统性，做到层次清楚，主次分明，轻重有别。每当讲一个问题时，必须围绕重点，分层剖析，步步追索，既把它讲深讲透，又不离主题，使教材内容好像被一根线串联着，又好像完整无缺的渔网一样。

第二，遵循教学的认识过程的基本程序。即由已知到未知，由具体到抽象的教学的基本程序。每当讲授新知识时，要先引导学生回忆该课有关的旧知识，要在直观的基础上讲授新知识。

第三，采用多种多样的教学方法。根据新教材的内容特点、学生的基本水平和心理特点，采用多种多样的方法进行教学，并灵活运用，吸引学生注意力，提高学习兴趣，更好地帮助学生迅速掌握新学的教材内容。

第四，掌握教学技巧。教师在教学中要把握新教材的教学特点，灵活运用启发、诱导、提问、暗示等技巧方法帮助学生掌握和巩固新学的知识。

新课讲完后，要及时进行新内容的巩固，常用的方法有：

（1）概括重述

教师在正文讲完后，把全部教材综合起来，用概括而简洁的语言，扼要重述，加以巩固。这种方式，是常用的系统巩固方式。但是它并不是教师简单重复讲述，而是通过概括重述启发学生把课堂学过的知识积极地复现出来，达到巩固知识的目的。

（2）边总结边提问

教师边进行总结，边启发提问，让学生做必要的回忆和解答。

（3）提问解答

教师编写教案时，应根据新课中学生必须掌握的知识，拟出一定数量的主要问题，到正文讲完时，用问答或谈话的方法，指定学生在原位或讲台上指示图表答问。复习巩固时，提问的学生越多，则老师对学生掌握新知识的质量就越了解。

（4）简短测验

可检查全班学生的领会情况，还可检查教师教学效果，这样可以调动“教”与“学”两个方面的积极性。测验题要简短明确，时间一般不超过10分钟。教师要提前做好准备，扼要宣布测验要求，让学生独立完成测验。

（四）布置作业

布置作业时，首先要考虑作业的难易程度。作业过繁过难，都会降低甚至丧失学生对学习的信心；太简太易，不能培养学生的思维能力和学习意志。作业题应该包括记忆的、思维的、练习技巧的内容，有助于培养发展学生思维能力和分析能力。布置作业时要正确地估计完成作业需用的时间。学生在作业上所花的时间，以不超过讲授时间的半数为宜。

四、体育实践课的组织

（一）体育课堂常规

体育课堂常规是为使课堂教学有一个严密的组织和正常秩序，保证体育教育工作的正常进行，对师生所提出的一系列基本要求。在课堂教学中，严格遵守课堂常规，对保持良好的课堂教学秩序，严密组织教学，培养学生良好的思想道德品质，实现课的教学目标都有十分重要的作用。课堂常规一般包括课前、课中、课后三个部分。

（1）课前常规

课前教师应按学年、学期教学工作计划的基本要求，认真制订课时计划；熟悉示范动作要领和教学程序；提前到达教学场地布置与检查场地器材；了解课前学生的身体、思想及学习情绪等情况。

学生课前应以饱满的精力、高涨的情绪，做好上课的准备；穿着好运动服装；提前到达教学场地，并协助教师布置场地器材。

（2）课中常规

课铃响后，学生准时在教师指定的教学地点集合，体育干部带队检查人数，报告教师上课、请假、见习生的人数。学生服装要整齐，并符合上课的要求；要服从教师的统一指挥，遵守纪律，友谊协作；爱护体育器材，积极参与教学过程，认真完成学习任务。

教师听取上课报告后，检查出勤情况，检查学生服装；宣布课教学的目标、内容与要求；安置见习生；加强课中安全卫生教育与措施，做好准备活动、教学的讲解和示范练习的帮助与保护、整理活动等；按教学计划进行教学，要以身作则，言传身教，教书育人；严格要求学生，了解课中学生思想动态，调控教学过程及生理心理负荷；及时纠正错误和改进教学，对本次课进行小结，布置课外作业。

（3）课后常规

师生应及时收拾好教具器材。教师应继续了解和掌握学生对课的反馈信息，做好课后小结与分析；了解学生课外作业情况，给予指导、辅导。学生应按教师布置的课外作业，认真复习练习，以达到巩固课中学习的内容，保证身体得到合理活动。

（二）教学场地器材的布置

教师做好教学场地器材的准备工作，是上好课和实现教学目标的物质保证。其作用：能充分利用场地器材，提高使用率；有利于队伍调动，合理安排课的密度，增加学生练习次数；调动学生学习积极性及便于教师指导。进行场地器材的布置时应注意以下几点：

第一，场地器材的布局与使用要合理，可移动器材应尽量向固定器材靠拢。

第二，布置的场地器材应符合锻炼、卫生安全的要求，课前应认真周密检查，严防发生伤害事故。

第三，场地器材的布置要有利于练习轮换时的队伍调动，有利于增加练习密度和适宜的生理负荷。

第四，场地器材的布置便于教师对课的调控和辅导学生。

总之，场地器材布置应尽量合理，符合教与学要求的需要，有助于教学目标的实现。

（三）队伍、队形安排与调动

课中合理地安排和调动各种练习队形，不仅能严密教学组织，培养学生严格的组织纪律性和服从统一指挥，集中学生注意力，而且能丰富教学内容，营造良好课堂气氛，调动学生学习积极性，培养正确的身体姿势。由于每次教学目标、教学内容、学生学习基础等条件各不相同，所以每次课的队伍安排与调动应根据实际情况设计而定。在课中合理安排与调动学生队伍的基本要求应是：

第一，队伍的安排与调动力求科学、合理。既做到熟练运用队形变换为教学目标服务，又能省时、省力进行教学工作，使课的密度、生理负荷安排合理，创造良好的教与学的环境。

第二，对学生练习队形设计与安排时，一是运用的队形应简单易行，使学生背光、背风、背沙、背干扰，便于观察示范及教具演示，听清楚讲解，有利于个人或小组的互相观察、帮助和保护，并符合卫生与安全的基本要求；二是队形有利教师的讲示、观察、帮助、保护、指导和监控，队形变换要多样化，有利于教学顺序的安排。

第三，在调动学生队伍时，一是善用口令，提高指挥能力和调控能力；二是根据实际情况，合理调动学生队伍，有组织地安排与变换队伍位置与方向，注意缩短教学场地之间的距离，节省调动队伍的时间。同时，要求学生明确调动队伍的作用，积极配合课中各项活动的队伍调动，做到步调一致。

（四）体育教学的组织形式

体育教学组织形式是指为了实现课的教学目标，根据教材内容特点、学生具体情况、教学环境而合理采用的教学方式。科学、合理、易行、实用的教学组织形式是发挥教师的主导作用和学生主观能动性，提高教与学双边活动的效果的组织保证。因此，教师应根据课的教学、教材性质、对象情况及教学环境条件等因素，正确选定和合理运用教学组织形式，以提高教学的效果与质量。

（1）班级的教学组织形式

①自然班教学组织形式。它是以自然教学班为单位的教学组织形式，即男女混合班上课。其优点是形式固定、组织方便，学生相互了解。缺点是学生之间或男女性别的差异、体质健康差异难以区别对待。

②合班分组教学形式。即将同年级几个班重新编班分组，由若干体育教师分别进行教学的相对稳定的教学组织形式。通常有按性别分组，按体质健康水平分组，按体育水平分组，按专项能力爱好分组等。其优点是根据学生的不同的情况制定教学目标，选择教学内容，安排调控生理负荷，能充分调动学生学习的自觉性、积极性；缺点是给课程安排增加难度，教师人数少、场地器材不足的学校难以进行。

此外，根据教学的实际需要还可以实行临时分组进行教学。但不论采用哪一种教学组织形式，尽可能使各组学生相对固定，有利于教师与学生、学生与学生之间的了解，共同协作将课的教学任务完成。

（2）课内教学组织形式

课内教学组织形式一般包括全班教学、班内分组教学。

①全班教学是指全班同学在教师统一指挥下，同时或依次地完成练习的教学组织形式。其优点是便于统一调动指挥，全面照顾学生，有较高的练习密度；优点是不利于区别对待、个别辅导。一般是在场地器材条件充足情况下使用，这种教学形式一般服务于队列、广播操、准备活动、诱导练习、武术、舞蹈、游泳与进行身体体能练习等。

②班内分组教学。它是根据课的教学目标和要求将全班学生分成若干小组分别进行练习，以实现教学目标的教学组织形式。一般可分为分组不轮换与分组轮换两种形式。

分组不轮换是将学生分成若干组，在教师统一指导下，各组按教材内容安排顺序，依次独立进行学习，完成教学目标。其优缺点与全班教学基本相同。凡是场地器材条件充足的学校，应多采用这种教学形式，以便提高练习效果，发展体能。

分组轮换是将学生分成若干组，在教师的指导和小组长的协助下，各组分别学习不同性质的教材内容，按预定的时间轮换学习内容的教学组织形式。目前，中小学校体育教育较多采用这种教学组织形式。其优点是在班人数较多、场地器材少的情况，可能使学生获得较多的实际练习的机会，提高的密度；培养学生独立学习的能力；有利于学生开展互帮互学，培养学生自学、自练、自评能力。其不足之处是教师不易全面指导学生，不易合理安排教学顺序和灵活掌握教学时间，不能使各组的运动值达到逐步上升的要求。

分组轮换常采用以下几种形式：

两组一次等时轮换：在学生人数不多，新授内容比较困难，复习内容也比较复杂的情况下，可采用这种教学组织形式。即上课时一组学习新内容，另一组复习旧内容，如基本部分时间为32分钟，到16分钟时互相轮换一次（图3–1）。

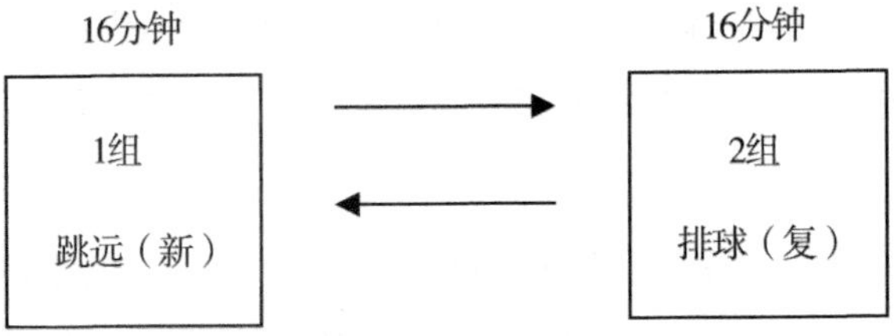

图3–1 两组一次等时轮换示意图

两组一次不等时轮换：在新授内容难度大、复杂，需加强辅助练习或诱导练习时，可采用这种教学组织形式，如上课时基本部分30分钟，第一组学习新教材跳山羊（17分钟），其中前4分钟进行跳山羊的辅助练习（踏跳、推手），后13分钟进行跳山羊练习。第二组复习旧内容双杠（13分钟）。该组到13分钟时由教师讲解、示范所学新内容，并指导安排进行跳山羊辅助练习（4分钟）。到17分钟时第一组轮换学习复习双杠，第二组练习跳山羊（图3–2）。这种形式便于教师指导做辅助练习、诱导练习，保证学习主教材的时间和效果。

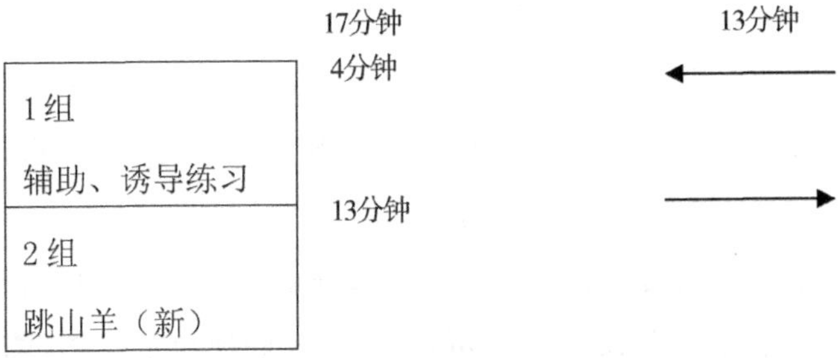

图3–2 两组一次不等时轮换示意图

三组两次等时轮换：在教学班学生人数较多，器材较少，新内容比较容易或复习内容较熟悉，以及考核前的复习课都可采用这种形式。将全班学生分为3组分别学习或复习不同的内容，到基本部分1/3的时间，3组依次轮换，到基本总分2/3的时间，3组再依次轮换一次。即每一组学习不相同的教材内容（图3–3）。这种形式有利于提高练习的密度，发展体能，巩固学习效果，但教师难以同时照顾3个组的练习，对教师的组织管理水平要求较高，要求体育骨干能力强，学生守纪律，自觉性高。

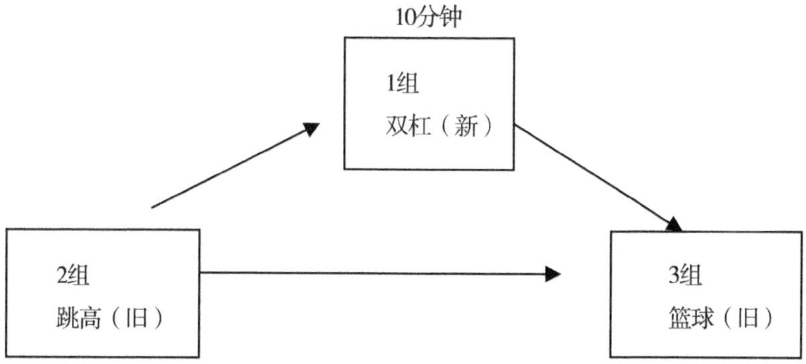

图3–3　三组两次轮换示意图

先合（分）组，后分（合）组：课中先全班集中练习同一内容，然后分组练习不同的内容，并按时轮换。或反之。课的内容有的不易分开练习，如武术、舞蹈、耐力跑，而有的不易集中练习，如单、双杠等，可采用这种形式（图3–4）。

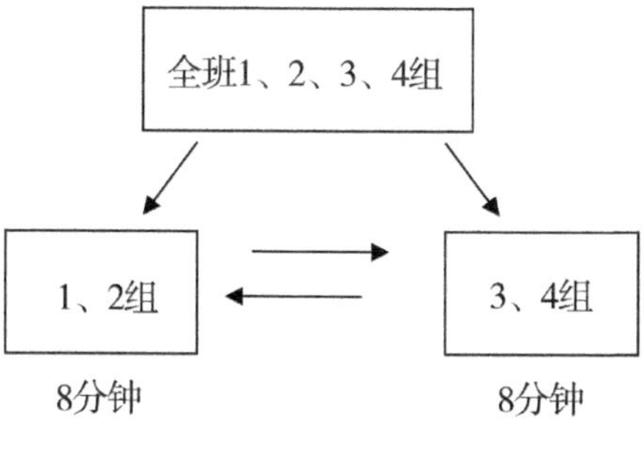

图3–4　先合后分示意图

在具体选择上述各分组轮换的教学组织形式时，应注意处理以下几方面的问题：

第一，在班人数少、场地器材条件充足的情况下，尽量不采用分组轮换的形式。

第二，分组轮换教学时，教师应重点指导学习新内容的小组，兼顾复习内容的小组。如果都是复习内容，应重点照顾教材难度较大或带有危险性的内容，如铅球、铁饼、单双杠等。

第三，在安排内容顺序和生理负荷时要先照顾体弱组、基础水平差组和女生组。

第四，重视体育骨干的培养和发挥他们作用，协助做好分组教学组织和队伍调动工作。并要求全体学生守纪律，服从指挥，以便迅速有序地进行轮换。

第三节　体育实践课的密度与负荷

一、体育实践课的密度

（一）课密度的概念

体育课密度亦称一般密度或综合密度，是指课中各项教学活动合理运用的时间与上课的总时间的比例，以及各项活动之间的时间比例。每次课中教学活动有教师指导、组织措施、学生练习、观察与休息、学生互相帮助与保护等项（表3-4）。课中某项活动合理运用的时间与课的总时间的比例，称为专项密度，如教师指导的密度、课组织措施密度、学生练习密度等。

表3-4　课的各项活动内容

课的各项活动	各项活动内容
教师指导	讲解、示范、演示教具、提问、纠正错误、个别辅导、培养干部、帮助、保护
学生练习	准备性练习、专门性练习、新内容、旧内容、辅助练习、诱导练习、整理练习、游戏、比赛
组织措施	整队、队伍调动、变换地点、场地器材布置和回收
帮助与保护	有难度的动作、有危险性的动作（器械）
观察与休息	学生互相观察、练习后的休息

课的密度安排是否合理，即是否有效、合理地使用体育课的时间，直接影响课教学目标的实现。课的各项活动都是课的重要组成部分，相互联系构成课的整体活动。如果某项活动安排不合理，会给课的整体活动或其他项活动造成不良的影响，就会直接影响课的教学效果与质量。从课的教学目标和要求来看，学生的练习密度是一项重要的指标，它反映学生实际身体活动的时间。注重安排好和合理增大课的练习密度，有利于学生更好掌握锻炼身体的技能与方法，发展体能，增强体质，实现课的教学目标。但其他活动也不能忽视，如组织措施不当、浪费时间，必然减少课的合理总时间和学生身体练习的时间，也必然影响课的综合密度。

通过对课的综合密度与专项密度的研究与分析，可发现、总结教学长处与不足，从而更合理地安排、调控、运用各项活动时间，严密教学组织过程，提高体育实践课的质量。

（二）课密度的安排与调控

影响合理运用课中各项活动时间的因素诸多，所以，教师不但要在课前认真设计和安排好课的密度，而且要具体根据课的实际情况，及时灵活调控各项活动的密度。在具体操作时应注意下列要求：

①认真备课，周密设计。课前教师应根据课的教学目标、教材内容、学生情况、教学条件等，认真备课，周密设计，合理安排课中各项活动的具体内容与时间，并在课前做充分的准备工作，以保证课中各项活动时间的合理运用。

②改进和提高组织水平。严密教学组织措施，加强对各项活动的调控，尽可能减少整队、调动队伍、布置场地器材、分组轮换练习等不必要的组织措施的时间，使学生熟悉各项活动顺序与队伍轮换的要求，以适应教学的要求。

③改进教法，提高教学技巧。教师讲示力求简明、突出重点和把握要领，精讲多练。教具演示时机恰当，辅导、纠正错误应区别对待，要合理安排学生练习次数，并与休息合理交替，使学生在学习动作及加大密度中得到必要休息。

④加强学生思想、纪律教育，使他们明确学习目的，自觉积极地参与教学过程。注重发挥体育骨干和积极分子的作用。

（三）体育课密度测定与评价方法

1. 测定的准备工作

研究课的目标、内容、组织教法和教案；明确测定者之间分工和职责，一般2~3人一组，1人计时，1人记录，1人分析；准备好测定课密度的登记表、秒表、笔及必要用具；了解班里学生情况，选定测试对象，一般为班里中等水平的学生；检查教学场地器材以及考虑气候条件等。

2. 测定工作的具体操作

测定课的密度是从课开始到结束，以秒为单位，将课中各项活动时间全部记录下。用一只表从上课开始即开表不停地走，计算课的总时间。用另一个表测各项活动的时间，按暂停键报告该项活动的时间后，及时回表测下一项活动时间。记录者将每次活动的实际时间、合理与不合理使用的时间及时准确地记录在课密度记录表上（表3–5）。

表3-5 体育课密度记录表（参考示例）

部分	顺序	教学内容	课各项活动名称					活动结合时间	合理用时	不合理用时	备注
			指导	练习	措施	互帮	休息				
准备部分	1	课铃响									4：00
	2	整队、报告人数			√			第1分50秒	1分30秒	20秒	上课
	3	宣布教学目标	√					第2分50秒	45秒	15秒	
	4	队列、队形练习		√				第4分40秒	1分50秒		
	5	换项			√			第5分20秒	35秒	5秒	
	6	准备活动									
	7	头、颈部活动		√				第5分35秒	15秒		
		……									
基本部分	8	跳跃活动		√				第7分20秒	15秒		
	9	辅助练习									
	10	教师讲示	√					第7分50秒	30秒		
	11	学生练习		√				第9分钟	1分钟		
	12	小结	√					第9分15秒	15秒		
	13	换项、队伍调动			√			第9分30秒	15秒		
	14	布置场地			√			第9分50秒	20秒		
	15	讲示	√					第10分10秒	1分钟		
	16	第一次练习（双杠）		√				第10分30秒	25秒		
	17	等待观察					√	第11分10秒			
	18	第二次练习（双杠）		√				第11分25秒	15秒		
	19	保护、帮助、分析				√		第11分30秒	1分20秒		
		……									
结束部分	31	换项、队伍调动			√			第23分45秒	30秒		
		……									
	45	游戏		√				第41分40秒	3秒		
	46	小结	√					第42分30秒	50秒		
	47	队伍调动			√						
	48	整理活动		√				第44分30秒	2分钟		
	49	讲评						第45分钟	30秒		4：45
	50	下课铃									下课

总计：45分42秒

3. 测定数据统计整理

（1）课综合密度的统计整理

课结束后将所测得的数据进行计算和整理，按项填入课的综合密度统计表上（表3-6），并对课综合密度进行分析，主要分析合理、不合理使用时间的情况，各项活动合理运用时间与课总时间比例，各项活动合理运用时间之间的比例等。

表3–6 体育课综合密度统计登记表

内容时间部分	学生做练习		教师指导		组织措施		观察与帮助		休息		备注
	合理	不合理	合理	不合理	合理	不合理	合理	不合理	合理	不合理	
准备部分											
基本部分											
结束部分											
合　计											
百分比											

（2）练习密度的测定与计算

测定练习密度是从上课开始到下课为止，记下学生实际练习（身体活动）的时间，逐一填写在体育课练习密度登记表上（表3–7），然后做详细的分析。

表3–7 体育课练习密度登记表

课的部分与时间	练习名称	练习数量	练习强度	练习质量	练习时间	百分比	备注
总计							

由于课的各项活动形式有所不同，课练习密度的测定根据不同活动项目的特点，其计算方法大体如下：

①练习时间。

基本体操：包括徒手操、棍棒（绳）操、武术操、一般发展练习等，如先讲后做，做动作算练习时间；若边讲边做，整个过程算练习时间。跳绳、攀登和爬越、负重搬运和角力，从动作开始到结束算练习时间，中断等待练习的时间不算。

技巧、支撑跳跃、单杠和双杠：从开始姿势到结束姿势算练习时间，如用跑步、正步出入队列，也算练习时间。

跑：从预备姿势（各种起跑姿势）开始，到终点缓冲过程算练习时间。由终点回队，如要求跑（或慢跑）回，或走跑交替，也算练习时间。

跳跃：从开始姿势到落入沙坑（或垫子）算练习时间。归队算法同“跑”教材，如在平地上跳（无沙坑或垫子），酌情计算。

投掷：从开始姿势到投出器材后，身体恢复正常姿势为练习时间，出入队同“跑”教材。拾回投掷器材时，如要求跑步也算练习时间。

球类、游戏、比赛：单个动作教学，一般只从动作开始到结束算练习时间。集体活动、游戏比赛，原则上整个过程都算练习时间；若犯规、学生不积极、站着不动或中断时间，应扣除或不算练习时间。接力游戏和接力比赛，等待接力的时间不算练习时间。

武术：从动作开始到结束算练习时间。各种静止用力的动作均算练习的时间。如基本体操中的静止用力动作，单、双杠的悬垂支撑动作，武术中的静止用力动作等。

采用循环练习法时，原则上整个练习过程都算练习时间，除非是中断或停顿。

②指导时间。凡是教师有目的地练习，以讲解、示范、演示、分析，以及个别指导等方式，指导学生学习掌握、巩固提高体育知识、技能的时间均为指导时间。一般是从开始讲解、示范、演示、分析，一直到结束均计为指导时间。

③观察与帮助保护。凡是学生用于进行自学、互相观察、分析讨论、互相帮助保护的时间为自学、观察与帮助保护时间。

④组织措施时间。凡是课中整队、调动队伍、交换场地、搬运、安装、分发和收回器材等，一般都为组织措施时间，但如果教师有意识地通过跑步或其他放松练习方式调动队伍、收回器材等可计为练习时间。

⑤休息时间。凡是教师有意识地安排学生休息，或一个人练习后等待下一次练习，即一次练习后直到下次练习开始均为休息时间。

⑥不合理的时间。凡是课中的时间消耗在教学和教学辅助无关的方面均为浪费时间，即不合理地运用时间。包括迟上课，早下课，因为课准备不充分或课中教具的损坏，以及教师擅离教学场地导致课中教学活动的中断等。合理组织体育教育活动，这些浪费时间是可以避免的。

（3）课密度统计与制图

①统计时先把各项活动的时间相加，如教师的讲解、示范、个别指导等，运用时间共500秒。

②将一节课的时间分化成秒，即45×60=2700秒。

③计算某项所用时间与上课总时间的比例，即某项所用时间与全课总时间的百分比例。如：

$$\frac{\text{教师指导时间}}{\text{全课时间}} = \frac{500}{2700} \times 100\% = 18.5\%$$

④根据上述计算的比例数，再计算该项比例数在100分圆形图中所占的度数。

⑤根据度数用量角仪制图。教师指导占18.5%，学生做练习占32%，组织措施占16%，观察与帮助占10.5%，休息占20%，不合理占3%。

$$1\text{圆周为}360^\circ\text{，则}\ \frac{18.5}{100} \times 100\% = \frac{x}{360}\text{，故}x=66.6^\circ$$

在实践中，除百分圆形图外，也可制成百分直条图、多边形图等。

综合密度测定结果的分析：

①课中各项活动所占时间的比例是否适当，不合理运用时间的原因；

②学生做练习的时间是多少，比例是否合适；

③总结的意见和提出合理改进建议。

在分析课的密度时，应根据教学的目标教材内容的性质、学生的特点、场地器材设备及气候条件等来进行。例如，新授课教师指导的比例就相对要大些，而复习课练习的时间就要相对多些。离开上述具体条件，就不可能对课的密度作出正确的分析。

二、体育实践课的负荷

体育实践课的负荷包括生理负荷和心理负荷，是评价课的效果与质量的重要指标。

（一）体育课的生理负荷

体育课的生理负荷指学生在课中从事身体练习时所承担的量与强度对机体的刺激程度。它反映了练习过程中学生机体的生理功能的一系列变化。体育课中的生理负荷安排是否合理，是否符合学生的身体特点，不仅关系到学生的体质与健康，而且直接影响学生学习锻炼身体知识、动作方法、技能的效果。所以，科学、合理地安排课的生理负荷对增强学生体质、增进健康、掌握锻炼身体的技能与方法，提高动作技术水平，防止伤害事故，都具有重要的意义。

（二）体育课生理负荷的安排

根据学生身心特征和教学过程的规律，每次体育课的生理负荷的安排，一般应由小到大，逐渐加大，大中小强度的负荷合理交替，到课快结束时，应逐渐降低生理负荷，促使学生机体较快地恢复到相对安静的状态。而从整个学期体育教育过程来考虑时，学期开始的几节课的生理负荷适当小些，以后根据学生身体机能水平的提高，有节奏地逐渐加大。总之，体育课的生理负荷的安排，要遵循合理的生理负荷原则的基本要求，应符合学生机体生理机能活动变化规律和机能适应性规律，有利于发展学生体能，增强体质，增进身心健康。在具体安排体育课的生理负荷时，应处理好如下几方面的问题：

①课的生理负荷的量与强度的安排，应符合学生的身心发育水平。应全面考虑学生、性别、身体体能、基础水平、体质强弱等方面因素，合理地安排好课的生理负荷，并加以区别对待。

②根据课型和组织教学形式的要求安排生理负荷。复习课、考核课的生理负荷一般比新授课要大一些。不同的组织教学形式的生理负荷安排也有所不同。

③要考虑教材内容的性质、结构、难易程度、练习强度及气候环境等条件来安排生理

负荷。

④合理安排课的生理负荷，要依照负荷强度大小，适当地安排间歇时间，使练习与休息交替进行，结合有效的卫生措施来促进学生体能的提高。

（三）体育课的生理负荷的调控

体育教师不仅要在课前认真备课，周密地设计安排课的生理负荷，而且还应懂得观察和分析课中学生生理负荷的变化情况，及时地采用合理措施进行调控，使课的生理负荷达到预定的要求，合理调控课的生理负荷可采用下列方法：

①改变练习的某些基本要素，如速度、速率、幅度等。

②改变练习的顺序和组合，安排合理间歇、练习与休息合理交替。

③改变练习内容的性质，如将原来的30米慢跑（加速跑）改为30米加速跑（慢跑）。

④改变练习的重复次数，即改变练习的密度，练习中不同的间歇时间产生不同的练习密度。

⑤改变练习的限制条件，如活动范围、器材的重量、附加条件等。

⑥改变课的组织教法与形式，如循环法、竞赛法或分组练习等。

⑦调整课中各项活动的时间比例以调节生理负荷，如教师指导组织措施，学生观察与休息等。

（四）体育课生理负荷测定与评价

目前测定与评价生理负荷的方法很多，下面介绍常用的几种：

1. 学生自我感觉

学生主要通过身体练习来完成学习任务，对自身的生理活动变化感受最深。所以，通过学生的主观感觉判断生理负荷的强弱，对测定与评价生理负荷具有重要的意义。在体育健康教育课中注意向学生传授判断与评价生理负荷的知识与方法（如重现负荷适宜时，则自我感觉好，精力旺盛，动作反应灵敏、协调；如生理负荷过大，则会全身疲倦、乏力，较严重的可能出现头痛、头昏、恶心、肌肉抽筋，更严重的甚至会出现虚脱、昏厥等），以及针对这种情况又如何自我调整和互救等，培养学生自我判断生理负荷的能力。教师在课中或课后注意听取学生的反馈，并与其他评价方法相结合进行研究，及时调整课的生理负荷。

2. 观察法

它是课中教师或学生之间常用的一种判断与评价生理负荷的方法。主要是从学生完成身体练习的质量、准确性、协调性和控制能力，呼吸、出汗、脸色、声音，以及练习时的积极主动性等方面来判断和分析生理负荷是否合理。（表3–8）

表3–8　观察疲劳程度对照参考表

观察内容	浅度疲劳	中度疲劳	深度疲劳
面色	稍红	相当红	十分红或苍白，紫蓝色
汗量	不多	较多（特别是户带部分）	大量出汗（特别是躯干部分）
呼吸	中速稍快	显著加快	急促、表浅、节律紊乱
动作质量（完成情况）	动作准确和步态轻稳	动作摇摆不定	动作失调、步态不稳、用力颤抖，反应迟钝
表情	情绪愉快	略有倦意	精神疲乏，站立姿势不端正、组织纪律性和自制力显著下降

3. 生理测定法

是测定与评价生理负荷的客观方法。主要采用科学仪器测量心率、血压、吸气量、呼吸频率、肺活量、吸氧量、尿蛋白、血成分（白细胞、红细胞、血小板）、体温、视觉、心电图、肌电图等生理、生化指标，来评价生理负荷的大小。上述有些测定过程较为复杂和操作水平要求较高，难以普及应用。所以，目前学校体育课的生理负荷的测定，一般是采用较为简易的测定脉搏方法来判断分析课的生理负荷，即心率测定法。

心率测定法是一次课中按时间间隔多次测定学生的心率次数，以便掌握和分析课中心率变化的情况，判断分析生理负荷是否合理。心率测定由2人操作即可，一人摸脉搏，一人记录。在具体测定操作中应注意以下要求：

①了解教学过程，分工明确：认真做好测前准备工作，选定测定对象，向被测者说明目的要求，要求其配合将测定工作做好。

②选择测定的时机：课前2分钟测出相对安静的脉搏数；课开始测定，一般采用定时测（2分钟为宜）和练习前后相结合的方法，即尽量不打断学生的练习；课结束时测，一般课后2分钟或4分钟时测，观察心率恢复情况，每次测定时间为10秒。

③每次测定后，及时报告测定时间、内容、心率，准确记在心率测定记录表上（表3–9）。

④将所测得心率数据换算成每分钟心率，然后绘制成心率变化曲线图（图3–5）。

心率平均值计算方法通常有两种：

第一种，简便计算法，这种方法简便易操作，即将课中每次测得的心率相加，除以测定次数，得出平均心率数，其公式：

$$平均心率=\frac{a+b+c\cdots}{n}$$

表3-9　体育课心率测定记录表（示例）

学　校：__________年级：__________班级：__________
受测者：__________性别：__________年龄：__________

课的部分或顺序	测定时间/分钟	测定时的活动内容	心率/次	备注
课前	2	走到集中地点	13	
课中准备部分	2 4 5 9	走步队列 跑步后 第二节操前 跳跃练习后	15 19 16 20	测10分钟
课中基本部分	12 14 22 26 29 32 34	讲解示范投手榴弹前 连续助跑投掷一次后 连续助跑投掷两次后 小步跑高抬腿跑后 400米讲解示范 中速跑400米后 80%速度跑400米后	19 22 24 24 21 26 28	
课中结束部分	41 43 45	放松练习后 心理放松后 下课时	21 18 16	
课后	2 4		15 14	

测定时间：__________气　候：__________上课教师：__________
测 定 者：__________记录者：__________

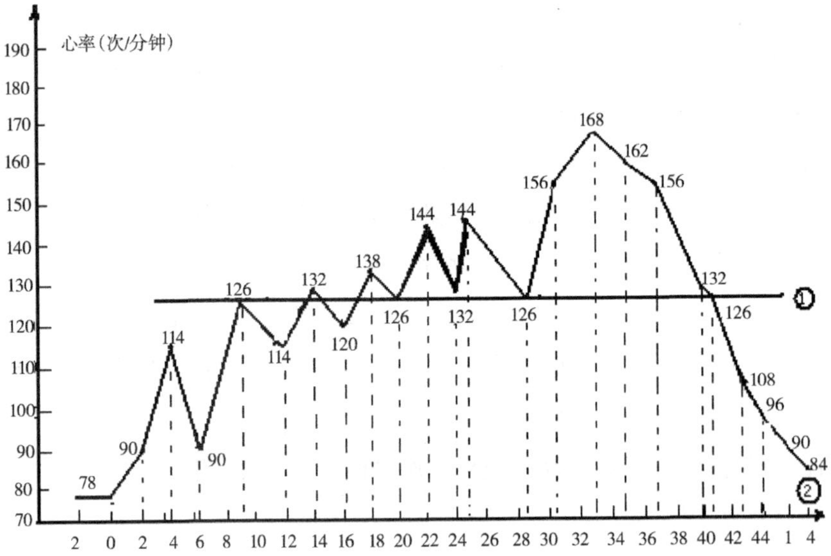

图3-5　体育课心率变化曲线图（示例）

①平均心率；②心率变化曲线

第二种，面积计算法，通过计算曲线面积包含的心率求平均心率。它将连接所测得的各次脉搏数在坐标表中所占的各个点，由各个点向坐标表上课的延续时间线上做一垂直线，形成若干梯形，并求出每个梯形面积的总和，再除以课的总时间（以分钟为单位），即得出该课的平均心率，其计算公式为：

①计算每一区域面积的公式：

$$\sum x_1=\frac{a+b}{2}\cdot t$$

②计算课的心率总数的公式：

$$\sum x=\sum x_1+\sum x_2+\cdots\sum x_n$$

注：$\sum x_1$为第一区域的生理负荷量（或某区域的生理负荷）；

a. 为每个区域中的最低（或最高）脉搏频率；

b. 为每个区域中的最高（或最低）脉搏频率；

c. 为每一区域的时间（或某区域的时间）。

4. 体育课生理负荷的评价

评价体育课的生理负荷的具体内容一般包括：

①每次课的平均心率是否合理，是否有利增进学生身心健康？

②心率曲线变化趋势是否有助于学生学习和掌握体育知识技能。

③课中练习前后心率的变化范围大小，以及休息间歇是否合理？

④课后心率恢复情况如何，学生反馈的信息如何？

⑤分析生理负荷上去的原因，提出改进意见与方法。

我国有关学者提出的平均心率参照标准为：小学生120~130次/分钟，初中生120~140次/分钟，高中女生120~140次/分钟，高中男生130~150次/分钟。由于在实际教学中所用的课型、教材内容、组织教学形式等的不同，所以得出课的平均心率也有差异，如一次课出现两个新教材，就会导致平均心率偏低。一般复习课的心率都能达到参照标准，所以评价课的生理负荷是否合理，应依照具体情况而定。通过分析课的心率曲线变化规律，可知各项活动的强度情况。课的心率曲线变化趋势过程一般有高峰后型、高峰偏前型、中峰型、双峰型、齿峰型等5种。

评价课的生理负荷是否合理，还可采用心率指数进行评价（表3–10），其公式如：

$$心率指数=\frac{课中平均心率}{课前安静心率}$$

表3–10　心率指数评价表

指数	1.20以下	1.20~1.49	1.50~1.79	1.80~1.90	2.00以上
强度	最少	小	中	大	最大

例如，测得该课的平均心率为132次/分钟，课前安静脉搏为78次/分钟，代入公式得出心率指数为1.7，该课的强度评为中等。

（五）体育课的心理负荷

1. 心理负荷的概念

体育课的心理负荷是指在课中学生心理上所承受各种刺激量与强度的程度。体育课上学生不仅要承受一定的生理负荷，而且也要承受一定的心理负荷。课中学生需要完成一定强度、难度、数量的身体练习，以及对抗、胜负、奖罚、人际关系、集体配合等方面的体验，使学生的中枢神经系统产生一定的应激反应，具体表现为学生的注意、情绪、意志等方面的变化。目前，主要以注意、情绪和意志三个方面心理活动指标来综合评价体育课的心理负荷。教师要根据课的教学目标及实际情况，合理安排课的心理负荷，并注意调节课中学生心理负荷的节奏，对实现教学目标，促进学生身心健康发展都具有重要的意义。

注意是人的心理活动对一定对象的指向和集中。它是联系教与学活动的纽带，是上好课的基础。在体育课中，学生的注意主要表现为对讲解、示范、学与练的注意的集中程度、稳定程度和转换程度。

情绪是指人认识客观事物时产生的态度、体验。它是心理活动的核心，在心理负荷评价中占主要地位。情绪不仅在很大程度上反映出课中学生的学习态度、兴趣、动机的强弱程度，而且可在不同程度上影响注意的稳定性和意志的努力程度，如课中学生情绪活跃、关系融洽有助于各项教学活动的顺利进行，能达到预期效果。否则，反之。

意志指学生根据自身确定目标，克服困难，努力实现的心理过程。意志是完成学习动作，承受生理负荷的保障。课中学生的意志表现为意志的自觉性、意志的坚持程度、意志的自控程度和意志的努力程度等，其中意志的努力程度表现较突出，如注意紧张时、肌肉紧张时及克服疲劳和控制厌恶消极等情绪的意志努力程度。

2. 体育课心理负荷的安排

经研究表明，体育课中学生的心理活动变化趋势一般表现为：注意的高峰一般出现在课的15分钟处（45分钟一次课），情绪的高峰一般分别出现在课的4～18分钟处和36～40分钟处，意志的高峰一般出现在课中20～30分钟处，它与机体生理活动变化规律所出现的工作状态相一致。因此，在课中应根据学生心理活动变化的规律，合理安排教学进程、学生能承受的心理负荷，具体操作时应注意如下要求：

①应根据心理负荷变化的趋势安排教学内容，如在学生注意和情绪的高峰期安排学习各种知识、方法与动作技能。安排学生处于意志高峰期进行身体锻炼或教学比赛，才能收到掌握知识技能，增强体质，促进健康，培养思想意志品质的效果。

②使学生的情绪保持适宜的状态。教师设法创造良好的课堂学习氛围，如运用恰当且

能提高情绪的语言，如“完成得好”“正确”“加油”等。安排一些能提高学习情绪的练习，如游戏、比赛、加大练习密度和增加练习的对抗性等，使学生情绪处于高涨、积极活动水平上。

③使注意练习与休息合理交替。由于体力下降，遇到困难或干扰，学生的注意、情绪有所下降时，应结合讲解、示范、纠正错误、互相观察、小结等，使学生的生理和心理得到较好的调整，保持注意的稳定和情绪活跃性，从而推迟心理疲劳的过程。

④调控教学进程与内容。教学内容和进程安排合理，有利于学生心理负荷交替变化，如不要安排前后两个都是新内容或消耗体能大的内容，新内容安排过于紧凑会使学生心理能量消耗较大，容易疲劳；且内容过难、过多也易造成心理疲劳。所以，课的内容与进程的安排，都应符合学生的心理负荷能力。

3. 体育课心理负荷的测定

心理负荷测定是对课中学生心理上承受各种刺激所产生变化程度进行描述的方法。体育课心理负荷测定方法包括问卷法、图示反馈测定法、自我评估法、教育观察法等。目前在体育课中心理负荷测定常用的方法有教育观察法、学生自我评估法及这两种方法的综合运用。

教育观察法是教师对课中学生的心理特征、行为的表现进行观察、记录，并参照心理负荷量表作出判断的方法。这种方法是通过文字等级转换成数值（分值），然后将所得分值与量表对照分析。具体操作步骤如下：

（1）测定准备工作

熟悉课的数学目标、内容、组织教学形式、教案、测试标准（表3–11）；准备好测定登记表；选定测定对象，每次课一般选测3～5人，男女分班上课时，选定男女各3～5人。测试人员一般3～5人，分工要明确，统一尺度。

表3–11　五级心理负荷评价量表（示例）

等级	注意	情绪	意志
一级（上） 4.0～5.0	自觉性很高 精神很集中 注意力很稳定	热情很高 情绪很高 兴趣很浓	意志力坚强 勇于克服困难 自控力很强
二级（中上） 3.0～3.9	自觉性很高 精神比较集中 注意力比较稳定	热情较高 情绪较高 兴趣较浓	意志力较强 能克服困难 自控力较强
三级（中） 2.1～2.9	有一定的自觉性 精神比较集中 注意力一般	有一定的热情 情绪一般 兴趣一般	意志力一般 尚能克服困难 自控力一般

续表

等级	注意	情绪	意志
四级（中下） 1.5~2.0	自觉性较差 精神不集中 注意力不稳定	不热情 情绪不高 兴趣不浓	意志力不坚强 怕困难 自控力较差
五级（下） 1.0~1.4	自觉性很差 精神不集中 注意力不稳定	很不热情 情绪很低 不感兴趣	意志力很差 怕困难 自控力很差

（2）心理负荷测定

体育课心理负荷的测定时间，一般每4分钟测一次。测试过程中测试人员注意观察受测试者的注意、情绪和意志等外部表现，根据五级心理负荷测试参照标准给予评分。同时记录在体育课心理负荷测试记录表（表3–12）上。

表3–12　体育课学生心理负荷测试记录表（示例）

项目	评分	4	12	16	20	24	28	32	36	40	44	45（分钟）
情绪	5		√							√		
	4			√					√			
	3	√						√				
	2				√	√	√					
	1											
注意	5		√									
	4			√								
	3	√			√	√	√		√			
	2							√		√	√	
	1											
意志	5							√	√			
	4					√	√			√		
	3			√	√						√	
	2	√	√									
	1											

（3）统计整理

课后测试人员将课中测定的注意、情绪、意志各项心理负荷测试指标求出均值（$\bar{X}=\sum X/T$），然后计算出上述三项总的平均分值。

$$\bar{X}=\frac{X4+X8+\cdots+X44}{11}$$

学生自我评估法是指学生根据自身在课中所承受的心理负荷的感受和行为表现作出评

价的一种测定方法。它是由测试人员预先制定有关课的心理负荷自我评估量表（表3–13），课后发给每位学生进行填答，之后回收进行统计整理。然后将其结果与教育观察法得出的结果进行综合分析比较，学生自我评估法的主要缺点是学生自我评估欠全面性和真实性，这涉及学生对自己行为表现了解程度和态度。因此，采用此法时，应使学生掌握心理负荷的知识与规律，明确测试的目的，才能收到好的效果。

表3–13 学生心理负荷自我评估量表

内容	注意	情绪	意志
整队	2	3	1
宣布教学目标	4	3	2
准备活动	4	4	2
……	……	……	……
……	……	……	……
讲解示范	5	3	2
双杠练习	4	3	4
……	……	……	……
……	……	……	……
游戏	3	5	4
……	……	……	……
……	……	……	……
素质	2	2	5
……	……	……	……
……	……	……	……
放松	2	5	2
小结	3	2	2
下课	1	4	1

注：按心理负荷评价五级标准填写5、4、3、2、1。

4. 体育课心理负荷进行分析与评价

根据测定所得出的数据，按五级心理负荷评价标准进行定性评价（表3–14），确定课中学生心理负荷的等级。

表3–14 心理负荷评价五级标准表（示例）

等级	评价	综合评价参数
一级（上）	优秀	4.0~5.0
二级（中上）	良好	3.0~3.9
三级（中）	一般	2.1~2.9
四级（中下）	较差	1.5~2.0
五级（下）	最差	1.0~1.4

在对体育课心理负荷进行分析与评价时，应结合课的教学进程与内容安排的实际情况进行。一般可结合以下几方面进行分析与评价：

①体育课中学生的心理负荷变化是否合理；

②学生的注意、情绪和意志的变化是否与课的内容安排相符合；

③影响学生在课中心理负荷变化的原因是什么？

④对课的心理负荷进行综合评价，并对心理负荷安排提出看法建议。

由于影响课中学生心理负荷变化的因素诸多。因此在分析与评价体育课心理负荷时，不仅考虑外界各种客观因素的影响，还要考虑学生主观因素的制约性，以做到客观准确地评价。此外，由于学生心理活动易波动，且学生之间心理活动有很大差异。所以，对体育课心理负荷的评价应经多次反复测定后，方可作出定性评价结论。

第四节　体育课堂的过程与评价

一、体育课堂教学过程

（一）课前准备

认真做好上课前的准备工作，是保证教学目标实现的先决条件，也是促进教师思想、业务水平、教学能力提高的一项重要措施。备课是指教师在课前所进行的一系列准备工作，它是上好课的前提。所以，每位教师都应认真备课，才能确保教学目标的实现。

备课的形式主要有集体备课和个人备课两种，集体备课是教研组或同年级的教师在学期前集中一起，共同研究教学大纲、教材教法，制定教学进度（同一年级），统一教学指导思想，解决教学中的重点、难点、疑点，以及协调课程安排和场地器材使用，其优点是便于集思广益，取长补短，发挥集体智慧，协调整体教学安排。个人备课是每个教师对课的思考、设计和对实际工作准备的过程。其功能作用就是使体育教育全过程能达到最合理的有序结构和最佳教学效果。

从体育教师备课的时间顺序来看，可分为预先备课和直接备课两个阶段，预先备课是教师依据教学大纲要求与课程目标，研究教学对象，收集有关资料，钻研教材教法，在以往的教学经验基础上制定学期或单元教学进度。直接备课是教师在前一阶段准备的基础上，对每次课作出周密设计与安排，编写好课时计划，根据目前学校体育教育大纲要求，体育课包括理论课和实践课两种形式。所以，体育教师必须做好理论课和实践课的准备工作。

1. 体育理论课的准备

（1）了解情况

一是全面了解和掌握教学班学生的人数、年龄、思想、纪律、知识基础水平、身体健康状况、学习动机，以及班干部等情况。二是了解教学的实际条件，如教具、挂图、投影、幻灯、录像，以及黑板教室光线等。充分掌握学生和教学环境条件的情况，是做好备课工作的一个重要方面。

（2）钻研教材教法

教师备课应认真研究体育、健康教学内容体系，遵循教学大纲的基本要求，合理筛选教学内容，做到明确教学目标要求，突出中心思想、重点与难点。根据教学目标、教材内容性质、学生学习基础，灵活地选用教法和理论的结构，采用合理教学组织程序，并合理地安排各个教学环节和各教材内容的时间及顺序。

（3）准备教学学具

根据每次课教材内容性质、学生情况和教法的需要，备好教具、学具，如模型、挂图、投影、幻灯、录像等，并熟悉其演示、操作的过程。

（4）设计编写教案

要以课的整体与各环节的联系做通盘考虑、周密设计并编写好教案。

（5）预讲

对于初上讲台的新教师，或要进行公开课时，在课前应安排必要的预讲，熟悉和掌握教学的全过程，为提高理论课的教学效果打下基础。

2. 体育实践课的准备

（1）了解学生情况

教师了解和掌握上课学生的人数、年龄、性别、体育基础、体质健康情况、学习态度、兴趣爱好、思想纪律以及体育骨干等实际情况。

（2）研究教材教法

教师应在钻研教学大纲、教材内容体系的基础上，根据教学进度的规定，认真、深入地钻研每次课的教材内容，选定教法应充分考虑教材内容前后内在联系性，以及教法运用的合理性。

（3）准备好场地器材

课前认真准备好场地器材，统筹规划，合理布置，能确保体育课的顺利进行，减少不必要的时间浪费和伤害事故。

（4）编写教案

在全面了解学生、教学环境条件，钻研教材教法的基础上，教师着手设计和编写课时计划，为了确保每次课的教学质量，实现教学目标，教师必须认真编写好每一次教案。

（5）培养体育骨干

为了保证课的顺利进行，教师课前就有计划地培养体育骨干，使他们成为教师组织教学得力助手。课前教师应向体育骨干阐明教学目标、内容安排和要求，以及组织教学形式等，让他们学会保护与帮助方法，并明确他们在课中担任的角色与职责。

（6）教师预练

教师在课前不仅要了解身体练习的动作要领和要求，而且要熟练掌握和示范所教的动作要领。因此，体育教师课前一定要进行预练，这不但能保持充沛的体能，而且能为顺利完成课堂教学示范做好充分准备。

（二）课中工作

1. 理论课课堂工作

组织教学是课堂中的主要工作，包括教师组织课中各个环节的教学，如提问测验、讲授、表达、比较分析、小结归纳、调控课的时间、辅导布置作业、设计板书提纲、演示教具、抓好学生纪律与提高注意力等。教师除认真细致地做好课堂各项工作外，应根据课堂的具体情况灵活应变，合理调整，以确保教学目标的实现。

2. 实践课课堂工作

教师认真做好课中各个环节的工作是上好体育课，实现教学目标的根本保证。具体包括以下几方面：

①检查学生，安排见习生，宣布教学目标、内容、要求。

②组织教学、讲解示范、演示、辅导、帮助、保护、纠正错误等。

③指挥和调动队伍，使队伍符合教学的需要。

④对学生进行思想、纪律和安全教育，营造良好的学生氛围。

⑤安排调整场地器材，保护器材。

⑥小结，布置课外练习。

（三）课后工作

一是检查收拾场地器材，二是及时听取学生对课的评价（反馈），三是检查学生完成课外体育锻炼作业的情况，四是对学生自练进行指导、辅导。

二、体育课程评价

（一）体育课评价的意义

体育的评价是依据课的教学目标与要求，对教学质量进行定性、定量的价值判定。定性评价是根据评价者的经验，从理论上对课的质量及各项内容作出的分析与评价。定理评价是指评价者对课中测得的数据或各项定性指标按一定标准量化所作出的评价。在评价体育课时，一般是将上述两种评价方法结合起来综合评价。通过对体育课的定性、定量评价，有助于教师及时总结教学经验，把握教学规律与特点，提高体育课的教学质量，积累有关资料，为今后教材教法的研究提供有价值的材料。

（二）评价课的内容与具体方法

1. 体育课的评价内容

包括课的教学目标要求和各项教学活动，如教师指导、学生做练习，相互观察与帮助，组织措施，练习后休息，以及教学效果和质量等情况。

2. 体育课评价的具体方法

（1）全面评价

是指以教学目标为中心对组成课的各个因素进行全面综合的分析与评定。一般是对课前准备工作、教材内容安排、组织教法、教师主导作用、学生主体作用、师生关系、技能教学、发展学生身体与教学工作的效果等方面进行综合评价。

（2）专题评价

是指对课中某些问题本身或与其他问题的关系进行深入分析与评定，如专门评价教师指导的质量、学生练习的密度等。在进行专题评价时，除对某因素或问题本身的分析外，还应与全面分析结合使用，明确该因素在各组成因素的地位及关系，这样才能更好地提高专题评价的效果。

3. 评价课效果的形式

（1）自我评价

指教师在上课后对教学进行全面或专题的分析与评定。教师通过自我评价，能更深入地理解体育教育进程及其特点，有利于肯定成绩，扬长避短。它是提高教学业务水平和教学质量的重要评价方法。

（2）听课评价

指主管领导、其他体育教师在看完课（公开课）后对教学进行分析与评定。主管部门与同事之间经常组织公开课、观摩课、研改课等进行分析与评定，有利于促进教师教学水平及教材教法的改进提高，有助于互相学习共同提高。听课评价一般先由教师本人向听课者介绍对本课的构思、设计与具体安排及教学指导思想与实现教学目标要求等，然后，由听课者以座谈讲座的形式，对课进行全面深入细致的分析与评定。

总之，评价体育课时，不论是某一种方法或综合方法的运用，都应认真、全面、客观地了解与掌握课的具体情况，正确对课作出公正的评价。应结合当时课的各方面具体条件与实际情况进行分析与评定，尽可能做到理论与实践相结合，定性与定量相结合，全面分析与专题研讨相结合，主观客观条件相结合等，得出较全面、客观、真实、可靠的评价结果。

第五节　学校体育教育工作计划与考核

一、体育教育工作计划

体育教育工作计划是根据国家颁布的体育教育大纲，结合本校实际情况制订的，是保证学校体育教育工作顺利进行必不可少的教学文件，也是体育教师进行教学工作的主要依据。一般包括：全年教学工作计划、学期教学工作计划、单元教学工作计划、课时计划。

制订切实可行的体育教育工作计划，有助于教师全面主动地考虑和安排教学工作，使教学工作有明确的目标、充分发挥教师的主导作用，正确处理教材、课次之间的关系。便于经常客观地检查教学工作，及时发现问题、解决问题，提高教师的业务水平，从而不断地提高体育教育工作质量。因此，每个体育教师都应充分认识制订体育教育工作计划的重要意义，按照要求切实制订好体育教育工作计划。

（一）全年体育教育工作计划

1. 全年教学计划的概念和意义

全年教学工作计划又称年度体育教育工作计划，它是以年级为单位，按照国家颁布的学校体育教育大纲，结合学校的实际情况，针对学生的特点制订的。将大纲规定的学年教材内容和时数合理地分配到两个学期中去，并确定学期的考核项目与标准教学工作计划。因此，可以说全年体育教育工作计划，为学年的教学工作指明了方向，以便对全年的教学工作实现科学管理，避免在某一阶段出现内容偏多或偏少的现象。全年教学工作计划是制订其他教学工作计划的依据。

2. 制订全年教学计划的要求

①认真学习钻研教材内容和教学大纲，明确教学指导思想。从全面增强学生体质的角度出发，在安排两个学期的教材内容时，要注意不同性质教材内容的搭配，防止同类教材内容过于集中在某一学期。

②教材内容安排要有针对性。深入了解和分析学校的实际情况，适当考虑照顾学校的传统项目和地区差异，对大纲中的有些内容做必要的调整。

③教材内容的安排要考虑系统性、可接受性。教材内容安排的顺序搭配要由易到难，由简到繁，并处理好教材内容的纵横关系（纵：即教材内容本身的系统性；横：即内容与内容之间

的关系）；安排教材内容时，要考虑学生的学习负担和接受能力，每学期的分量应基本相等，教材的份量应与该项教材分配的时数大体相符。

3. 制订全年教学工作计划的步骤与方法

①确定常年体育教育目标。在认真学习和钻研体育教育大纲的基础上，针对本年级教材内容的特点和学生的年龄，结合学校的实际情况确定本学年的体育教育目标。

②确定本学年的教材内容和教学的总时数。教材内容的确定（包括基本教材和选用教材）。应根据教学大纲的要求，结合本校的实际情况（包括学生、教师与场地、器材、气候等情况）来考虑。教材内容确定后，根据制订学期教学计划的要求，把全年教材内容合理地分配到两个学期中去。全年授课时数是根据学校教学计划规定（按校历的周数）来确定的。一般全年数学时间是34周，体育课每周3学时（其中1学时的学科类课程，2课时活动类课程），留两周作为机动时间。那么，全年教学时数就可以确定为32周共96学时。

③确定本学年的考核项目与标准。主要是根据体育教育大纲的规定，并结合本校的实际情况来确定。

④确定各类教材内容的教学时数和各项教材内容的教学时数。首先，应根据全年教学的总时数和教学大纲规定的各类教材内容的时数比重，计算出各类教材内容的教学时数。计算方法：某类教材内容的时数=全年教学时数×该类教材内容的百分比（时数比重）。例如，高一年级田径教材的教学学时×18%=13学时，然后根据各类教材的内容多少，难易度以及考核与否，对计算出的教学时数做某些必要的调整，再确定各项教材内容的教学时数。

计划制订好后，要进行全面的检查，使每学期教材内容分量与教学时数相吻合，并符合制订全年教学工作计划的要求。

（二）学期体育教育工作计划

1. 学期体育教育工作计划的概念与意义

学期体育教育工作计划也称学期教学进度。它是把全年体育教育工作计划中所规定的一学期的各项教材内容时数按一定要求合理地分配到每次课内的一种教学工作计划，是教师编写教案的主要依据，学期教学进度安排得是否得当，在很大程度上直接影响到教学效果。所以，必须科学地、周密地、具体地制订好教学进度。

2. 制订学期体育教育工作计划要求

①教学内容的安排要有利于学生身体的全面发展。注意把不同项目、不同性质和影响身体不同部位教材内容相互搭配。

②每次课教材内容的安排要考虑学生的学习负担和身体的承受能力。要注意新旧教材内容难易度，以及不同强度教材内容的互相搭配。

③教材内容的安排应注意其系统性与连贯性，处理好教材内容的先后顺序，如跳远教材

应排在加速跑教材之后，动作技术有干扰的教材，注意不在同一次课出现。

④各项教材内容的安排应考虑季节性。如游泳宜安排在夏季，长跑宜安排在冬季，而单双杠教材最好安排在春秋两季进行。

⑤要正确确定各项教材内容的排列方式。有连续排、间隔排以及边疆和间隔结合排3种。应根据教材内容的特点，季节气候，场地设备以及学生基础和全面锻炼身体的需要而定。

3. 制订学期体育教育工作计划的步骤和方法

①确定学期教学目标。在学年教学目标的基础上，根据本学期的教学内容与学生实际确定本学期教学目标。

②将全年教学工作计划中的某个学期的教材内容和教学时数抄录到进度表的相应栏目内。

③根据全年教学工作计划中所规定的本学期各项教材内容的时数，计算出各项教材内容在本学期出现的次数。计算方法：每次课安排两个主要教材的教学时数为6学时，则所出现的课次应为12次（6×2=12次）

④根据制订学期教学工作计划的要求，将本学期的考核项目的重点教材内容，按教材内容出现的课次，系统地安排到每次课中去。为了保证教学重点，在制订教学进度时，应先安排好考核项目与重点教材（一般考核项目与重点教材是一致的）。

⑤依据学期教学工作的要求，将本学期的其他教材内容，按教材内容出现的课次，系统地搭配与安排到每次课中去。

学期教学工作计划初步制订后，应根据制订学期教学工作计划的要求，进行全面的检查与调整，从而使计划更切合实际。

（三）单元教学工作计划

1. 单元教学工作计划的概念与意义

单元教学工作计划有两种，一是单项的单元教学工作，二是多项的单元教学工作计划，这里主要介绍单项单元教学工作计划。它是把某个年级某项主要教材内容，按照学期教学工作计划中确定的课次顺序，安排出每次的目标、要求、重点、难点，以及教与学手段的教学工作计划。单元教学工作计划是学期教学工作计划的深化和具体化，它保证了各主要教材内容的教学有目的、有步骤和系统性进行，也是教师制订课时计划的直接依据。

2. 制订单元教学工作计划的要求

要认真钻研大纲教材，把握住该项教材内容和不同的年级的衔接与联系；把握住该项教材内容的技术结构，教材内容的重点与难点，以及要解决的主要问题。

要全面掌握学生的情况，分析学生的体育基础、身体基本活动能力、兴趣爱好、身体素质等情况，使计划的安排有的放矢。

教学手段的选择针对性要强，实效性要好，趣味性要浓，要充分利用学校的场地器材。

单元计划中所确定的课次，必须与教学进度规定的课次相符合，否则计划难以实现。

3. 制定单元教学工作步骤与方法

在钻研教材，全面掌握学生情况的基础上，确定某项教材内容的教学目标、教学重点和要求。

根据某项教材内容的教学目标和要求，以及课次，确定每次课的教学目标和要求。

根据每次课的教学目标和要求，确定每次课的教学重点。

根据每次课的教学目标、要求、重点，结合学生特点和学校的教学条件，选择每次课主要的教与学手段。

根据全年教学工作计划，并结合本校实际情况，确定考核方法。

（四）课时计划（教案）

1. 课时计划的概念、种类与意义

课时计划又称教案。它是根据学期教学工作计划和单元教学工作计划，针对班级具体情况而编写的每次课的具体执行计划，是教师上课的直接依据。编写教案是教师的基本功，认真编写教案对提高教学质量和教师的业务水平都具有十分重要的意义。体育课的教案有两种类型，即实践课教案和理论课教案。现将这两种类型教案的编写方法、步骤与要求分述如下：

2. 编写实践课教案的步骤、方法与要求

（1）确定课时教学目标

确定课时教学目标是写好教案的首要问题。课时数学目标包括：知识目标、技术技能目标、教育的心理目标、发展身体与培养能力目标等四个方面。整节课的活动内容都是围绕课时目标进行的。因此，编写教案时必须首先确定好课时目标，要求目标要定得全面、明确、具体、切实可行。

（2）安排课的内容、组织教法与学练法

安排课的内容、组织教法与学练法时，一般先构思基本部分。首先考虑的应是基本部分的内容，如果一节课安排两个以上内容，则应先确定其先后次序，然后找出各项内容的重点难点、动作要领及学习的方法。

课的组织教法与学练法的构思，应根据本课教学目标、教学内容、学生及场地器材等条件来安排。即采取什么分组教学形式，各项内容教师如何活动、学生如何活动，如何运用教法和学练法，如何组织学生练习等。充分利用场地器材，使学生尽快地达到既能掌握知识、技术、技能，又发展了身体，从而达到培养运动能力的目的。

一般是基本部分的构思完了，再考虑准备部分和结束部分的安排。但在书写时还是要按课的部分顺序，而且要把教师和学生活动分成两大栏，再按组织教法与学练法分门别类书写出来，以便让人一目了然。

（3）合理安排课的各部分时间、练习时间及练习次数

各部分时间主要根据课的结构来安排；练习时间和次数的安排要根据这些内容在该部分所起的作用，对实现课时目标的影响以及各部分的时间来决定。

（4）预计课的生理负荷和练习密度

为了加强教学的科学性，教师应根据教学内容、学生及场地器材条件，预计出本课的练习密度和平均心率以及脉搏心率曲线。

（5）计划课所需要的场地、器材和用具

根据教学内容和学校场地器材等具体情况合理安排，特别是同时有几个班上课时，事先应与同课次教师协商，妥善解决。尽可能充分利用场地、器材，以便让学生有更多的练习机会。

（6）课后小结

课后小结虽然是每节课后完成的，但这是一份完整的教案所不可缺少的一部分。特别作为新教师必须重视这一栏的写法。

实践课教案的编写主要完成以上六个步骤，但在具体写法上根据教师的经验，以便于指导上课为准则，详略可自行处理。

3. 编写理论课教案的步骤、方法与要求

理论课教案的内容主要包括：课时教学目标、教学重点和难点、教学内容及过程、板书设计、课后小结等几个方面。

（1）确定课时教学目标

理论课的教学目标主要包括知识技能目标和思想品德目标两方面。

（2）找准并弄清教学重点和难点

教学重点是指教学内容中实现教学目标的关键之处。学习难点是指学生在学习过程中普遍感到较难掌握的内容。在书写时首先要根据教学目标的要求，确定本课的重点。然后再找出难点，只有解决了难点，方能更好地领会重点，进而较好地实现教学目标。

（3）精心设计与编写教学内容和过程

教案的思想观点、知识内容都应准确无误，观点正确，针对性强；设计与编写时应注意有详有略，主次分明（有些内容可以在讲稿中出现）；另外应选择稳当的教学方法，充分调动学生的学习积极性，师生配合教学效果更好。

（4）设计板书

板书是课堂教学内容的高度概括，也是教学意图的体现。因此，必须精心设计，反复推

敲，达到强化教学内容，加深学生印象，增强学习效果的作用。

（5）课后小结

课后小结的要求与实践课基本相同（参见实践课教案的写法）。

以上四种教学工作计划，从制订顺序来讲，先全年，后学期，再单元，最后定课时计划；从教学内容来讲，是逐步详尽、具体。因此，这四种计划，是科学地安排整个教学工作计划不可分割的四个层次，是构成体育教育工作计划文件的一个完整的统一体，是教师检查、总结、改进和提高体育教育质量的依据。

二、体育教育工作考核

（一）体育教育工作考核的意义和特点

体育教育工作的考核，是指对学生体育课学习所取得的成绩和对教师教学工作态度与质量所进行的检查和评定。通过考核可以及时发现学生和教师在学习上、工作态度和教学效果上存在的问题，激发学生的学习动机，激励教师不断提高业务水平。

体育教育工作考核与其他学科相比，其特点是以思维和身体活动相结合来考核与评定学生的学习成绩，检查教学效果。因此，体育教育工作的考核具有内容多、评定难、组织复杂、工作量大的特点，每个教师必须认真对待。

（二）体育教育工作考核的种类

1. 学生体育课成绩考核的种类

学生体育课成绩的考核，根据所要解决的任务，可分为：预选考核、平时考核、定期考核和总成绩评定四种类型。其中的预选考核主要是为了了解学生原始水平，便于今后的教学，一般不作为正式成绩计算。总成绩评定，是根据平时考核、定期考核的结果来进行的。

2. 教师教学工作考核的种类

教师教学工作考核，主要是对教师工作态度与教学质量的考核。通常有预先考核、期中考核、期末考核等。

对教师教学工作考核，是一种促进其业务水平提高的手段，同时也可作为评价教师教学的工作业绩水平，以及使用、培养、晋升的重要依据。

（三）体育教育工作考核的内容与方法

1. 学生体育课成绩考核的内容与方法

学生体育课成绩考核的内容包括：体育课的出勤率与课堂表现，体育卫生保健基本知识，身体素质和运动能力，运动技能、技巧。

身体素质、运动能力和运动技能、技巧平时考核可随堂进行，不要影响正常的教学工作进行。

总成绩评定的方法是把各考核内容的平时成绩和定期考核的成绩，按一定比例，计算出各考核内容的成绩，再把考核内容与成绩按一定比例综合计算。

2. 教师工作态度与质量的考核内容和方法

对教师工作态度与质量的考核，一般可以包括：各种教学计划文件是否齐全、质量如何；是否认真执行各种教学工作计划；是否认真备课，包括钻研教材教法，研究学生，以及场地器材等准备情况。

以上内容的考核可以通过检查教学日记、教学工作文件及学生体育课成绩，组织检查课、分析评议课，以及召开学生座谈会，与学生个别谈话，从学生的反映中获取信息反馈等各种方法来考核。

第四章　内蒙古自治区终身教育的发展

第一节　终身教育研究现状

为了更好地给全区各族人民增进福祉，促进内蒙古自治区教育、文化、经济的有序发展，全区有针对性地开展了终身教育活动，但由于地域与民族存在一定特殊性，使得内蒙古自治区乃至我国终身教育的发展相对滞后，尚未取代分数在学校教育中的作用。本章旨在梳理终身教育在世界范围内的发展脉络，分析内蒙古终身教育的发展，为正视当前我国学科教学理念，传播终身教育思想打下基础。同时梳理终身教育发展特点与未来发展策略存在共性的规律，为今后内蒙古自治区终身教育的开展提供理论支撑。

20世纪60年代终身教育兴起于法国，终身教育的出现主要是由于当时欧洲经济发展快速，文化知识与技术水平更新较快，知识进步与工人能力之间的矛盾突出，加之适龄的工人数量相对较少；为了缓解这一矛盾，提出了终身教育这一理念，旨在让社会劳动者能够不断学习先进的知识体系，胜任自身的工作。终身教育顾名思义便是为了适应社会发展，人类从生到死都需要进行学习。终身教育可以细化为两大主线，首先是教育时间这一主线，终身教育所持续的时间相对较长，从生至死都需要进行学习；还有便是场所这一主线，为了更好地贯彻终身教育，需要学习者在任何时间、任何场所都进行学习，不限于学校、家庭、社会及工作单位。由于终身教育理念很好地缓解了生产知识和技术进步与社会劳动者能力之间的矛盾，受到世界各国的重视，很快这一理念便传递到世界各地。

中国自古便非常重视对国民的教育，有教育优先的传统。改革开放后，伴随着经济的快速发展我国也相应提出构建学习型社会，倡导教育体系改革，延伸高等院校在人才培养方面的作用。内蒙古自治区作为中国北方地区重要的省区，肩负着为国家培养建设人才，传承民族文化的历史重任。内蒙古自治区要立足自身实际情况，寻找发展的突破口，便需要构建终身教育体系，倡导终身学习的理念，来更好地适应未来的发展。下面笔者简要介绍一下对终身教育领域研究现状。

一、国外研究现状

（一）终身教育的概念界定

1965年保罗·朗格朗（Paul Lengrand）提出：“终身教育包括了教育的所有各个方面、各项内容，从一个人出生的那一刻起一直到生命终结时为止的不间断的发展，包括了教育各发展阶段、各个关头之间的有机联系。”这一终身教育概念后，终身教育逐渐得到国际社会的广泛认可。他认为终身教育是指一种思想或原则，而不是指具体实体和研究方法。

日本学者持田荣一等人将终身教育表述为“终身教育是教育权的终身保障，是教养与专业的统一体，是避免产生未来文盲的重要途径”。

联合国教科文组织专职研究员将终身教育表述为“其是每个人的一生所经历的人性化的社会过程”。

（二）终身教育的发展措施研究

美国作为世界上最早发起学习与教育终身化并积极推进的国家之一，在法律保障、资金支持及设立终身教育机构等各方面采取措施落实和发展终身教育。资金方面美国主要是利用各财团、企业、私人的赞助或捐助作为终身学习的主要资金来源。终身教育费用的大部分是由美国的企业、工会和民间组织以及个人承担的。终身教育机构主要包括社区学院和社会机构，网络的快速发展和远程教学的出现也为终身教育提供了一种方法和途径，它打破了传统的学校教育理念，各种教育资源通过网络跨越了空间距离的限制，为学生提供更便捷的学习方式。

日本是亚洲国家中最早接触终身教育理念的国家。日本政府十分重视终身教育，托马斯在《世界重大教育问题》一书中指出，当今世界都在酝酿教育改革，但在1971—1972年度提出改革报告的所有国家中，只有日本明确宣布是以终身教育为背景，并从学校教育一直改革到成人教育的整个阶段。1990年6月日本政府正式颁布了《终身学习振兴法》，在世界发达国家中以“终身教育”为名制定专项法律的国家并不多，再加上日本原本就是一个以立法理念治理社会的国家，因此，该法的制定对进一步开展和推广终身教育的各项活动起到了很大的推进作用。日本实施终身教育的主要机构是公民馆、博物馆与图书馆、开放大学及民间机构。

二、国内研究现状

（一）终身教育与终身学习、学习型社会的关系研究

终身教育、终身学习和学习型社会的理念先后诞生于20世纪60年代中后期的西方社会，三者的发展紧密联系在一起，互为激发，相互影响，对当今世界的教育改革产生重大影响，学

者徐莉在《终身学习思想的重要理论贡献——郝克明学校教育系统变革思想评述》一文中曾提出："终身学习与终身教育，是在新的时代和发展阶段，传统学校教育系统已经不能适应人类社会变革需要的情形下提出并不断发展的。"近年来，不少期刊文献都提及这三者之间的关系。

大多数学者认为，终身教育、终身学习与学习型社会虽含义不同，但它们之间仍存在一定联系，共同构成一个概念系统。终身学习是伴随终身教育理念的普及与发展而逐渐形成的，从终身教育向终身学习的转化是人类文明的进步，终身教育是终身学习的基础，而终身教育的落实又需要个体的终身学习，两者相辅相成，共同目标是构建学习型社会。例如，朱敏教授与高志敏教授曾在《终身教育、终身学习与学习型社会的全球发展回溯与未来思考》中提出："学习型社会是一个比终身教育和终身学习更为宽泛和上位的概念，作为一种新型的社会形态，它以实现全民通过终身教育和终身学习来获得全面发展为基本目标。"

除此之外，还有不少学者认为，终身教育和终身学习的区别在于终身教育的主体是国家、政府、社会、教育部门及其教育机构，强调的是国家、社会应当为受教育者提供教育机会、教育条件、教育服务；终身学习强调学习个体，人为了完善自身，需要不断学习，激励人们去获得他们终身所需的知识、技能与价值观并能合理运用，侧重学习者的角度。卢海弘也指出，"终身教育"强调国家和社会在满足社会成员对终身学习需求方面发挥积极作用，即从教育供给的角度为社会成员终其一生的学习提供服务；"终身学习"则从学习者的需求角度，强调通过国家和社会所提供的各种支持和途径，满足学习者的终身学习需求。学习型社会侧重的是整个社会，致力于建立一种理想的社会形态，就如赫钦斯所认为的，学习型社会应是一个以所有人的全面发展和潜能实现为目的的社会，且所有社会制度的存在和发展都当以此为中心。持同样观点的还有兰岚，她认为终身教育侧重于教育和学习机会的供给，意在从社会的整体利益出发，强调一国的教育制度和安排应整合现有各种教育资源为每一个社会成员创造终身参与各种学习活动的机会和可能性。学习社会则是从社会角度出发来思考教育问题，强调所要形成的社会中每个社会成员都具备终身学习的态度、意愿与能力。前者呈现的是一种自上而下的过程，后者则反映的是一种自下而上的思考。

还有学者在理解学习型社会时，把所有相关因素联系起来，如专家陈乃林在定义学习型社会时就指出："学习型社会，就是以全民终身学习为基础，以国民教育体系为主干，以终身教育体系为依托，以各类教育学习等资源为保障，以促进人的全面终身发展为目的，能够满足全民基本的终身学习需求的新型教育。"

总而言之，虽说侧重点有所不同，终身教育与终身学习、学习型社会三者是殊途同归的，主要表现为：第一，教育和学习应当是终身的；第二，教育和学习应当是全面的，人应当全面发展；第三，教育和学习应当是开放的，即包含各级各类教育和学习活动。第四，教育和学习应当被视作每个人参与社会发展的一项普遍性的基本权利，国家和政府应当通过各种相关制度来保障教育和学习向所有人平等提供；第五，教育和学习应以人的完全发展为最终己任。终身教育的最终目的就是要实现一个人人终身学习的学习型社会，以实现个人和社会的发展。

（二）互联网背景下的终身教育

随着信息技术和互联网的快速发展，大数据时代已经来临，大数据资源和大数据技术为我国终身教育的发展注入了活力。内蒙古自治区也建设了以终身学习为目标的学习资源共享平台，互联网背景下的终身教育的相关研究也成了众多学者研究和探讨的热点话题，许多专家提出的真知灼见可供借鉴。

安哲锋、金子溦、唐建、傅明娣、胡雪洁等人都高度肯定大数据技术和互联网在满足个人学习需要、助力终身教育发展上的积极作用。安哲锋在文章中阐述了终身教育与大数据的内涵，指出我国的终身教育还存在资源分配不平衡、阶段衔接不连贯、认证成果不完善、个性发展不显著等现实困境，倡导要积极搭建大数据助力终身教育的实践架构，从教育信息存储与整合、教育资源扩充与分配、学生异常检测与预警、教育阶段衔接与协调、教育成果认证与转换、学习个性推荐与服务六个方面论述大数据推动终身教育发展。胡雪洁认为手机App的使用已经成为一种自然的生活方式。故而提出以终身教育理念为基础，以学习者为中心，开发适合学习者的移动App，进行学习方式上的创新，激发出学习者的学习主动性和积极性，将终身教育与移动App紧密结合起来，使终身教育理念落于实践。同时，以“互联网+资源”为思路，通过整合资源建立资源库，师生共用互动教学App，使教育者和学习者随时随地连接起来，随时学习和长期学期有效结合起来，真正实现网络时代自主学习模式，实现终身教育的理念。

与此同时，《老年教育发展规划（2016—2020年）》强调，“老年教育是我国教育事业和老龄事业的重要组成部分。发展老年教育，是积极应对人口老龄化、实现教育现代化、建设学习型社会的重要举措，是满足老年人多样化学习需求、提升老年人生活品质、促进社会和谐的必然要求”。一直以来，终身教育的终身性强调终身教育应该服务于人的一生，通过对不同时段、不同教育类型和教育体系的衔接来为社会个体提供一种终身学习的持续性支持。因此老年教育也是终身教育不可忽视的一部分，特别是伴随着我国老龄化程度的日益加深，越来越多的研究者开始关注老年教育领域。樊婷婷在文章中指出当前我国的老年继续教育面临着教育覆盖面窄、教学形式与内容僵化、教学途径难以满足老年人诉求的困境，而“互联网+”时代的到来为老年教育提供了新的途径，即老年网络继续教育，老年网络继续教育具有缓解教育资源匮乏并提升教育覆盖面、优化教育质量、提升教育内容针对性等优势。同时，其可能存在老年学习者网络使用存在困难、缺乏评价机制与认同感、开发者与实施者协作不畅等问题。因此，应通过积极提升老年群体的网络素养、建立评价机制、沟通网络教育开发者与实施者、完善教育管理与教育立法、推进师资队伍建设、积极实施网络课程设计等途径提升网络继续教育的质量。

第二节　终身教育概述

一、终身教育的产生

终身教育产生于20世纪60年代的法国，提出者为朗格朗先生。朗格朗先生所提出的终身教育理念主要是针对欧洲传统的学校教育出现的问题，传统的学校教育更像是一劳永逸的教育，所秉持的教育理念为学校是教育的天堂，学校是教育的唯一途径，而高等教育则是教育的终端。传统的欧洲教育将学校教育和社会教育的关系割裂，仅仅就教育而论教育。传统的欧洲学校式教育是欧洲乃至世界范围内相对普遍的一类教育观点，在生产力相对落后的古代，持这类教育观点的国家也通过学校教育培养了大部分的建设人才。但是伴随着时代进步和知识更新速度加快，使得秉持传统学校教育观点的人群正在逐渐消失，由于社会竞争加剧，使得人们的生存状况也受到很大挑战，除每天要面对生存、生活、疾病、工作、家庭、事业、交往等问题，在20世纪60年代的欧洲人们还需面对很多方面的挑战，主要表现在：虽然变革自古有之，但是当下变革的速度明显快于传统的变革。

20世纪的欧洲已经处在第三次工业革命的过程中，经过18世纪中期的以蒸汽机为代表的第一次工业革命，还有20世纪初期以电力发展为代表的第二次工业革命，以及20世纪50年代以计算机为代表的第三次工业革命。第三次工业革命也被称为科技革命，其意义便是加快了科技与生产力之间的转换速度。由于科技代表着更为先进的知识和理念，因此，第三次工业革命在给世界带来巨大变革的同时，也给传统的学校教育模式带来一定挑战。三次工业革命使得世界范围内各个国家的生产能力均有了快速提升，特别是欧洲，经济发展速度加快，科技转化为生产力的速度加快，科学与技术的关系更为紧密。这些变化让普通人的社会生活和社会经济结构发生变化。伴随着生产力的进步，很多古代人做梦都不能想到的事情得以实现，古代几个世纪才能完成的事情在短时间内完成，也使得传统的教育理念受到很大冲击，人们在学校所习得的知识和技术很快便会成为过时的知识与技术，为了更好地存活下去，学校教育不得不走革新之路，去寻求新的发展路径。

二、终身教育的内涵

按照欧洲传统教育的理念，教育是被看作是学校的单纯行为，是专业人员在固定的地方采用一定的教育方法，执行国家规定的课程体系的教育教学活动。朗格朗先生认为这样的教育并没有起到良好的促进作用，对于人和社会无益，他认为教育应该打破学校的空间壁垒和时间限制，教育应该是人类一生中的全部内容，因为教育会和人类的工作行为、家庭生活方式、处事方式，甚至是余下时间紧密联系在一起。

欧洲传统的教育过多地将教育目标和课程体系的设置来围绕着获取书本知识，增加职业训练来进行。诚然必要的学校教育是获取优质职业训练的必要手段，而这一手段并非是唯一性的。再就是在知识更新的同时为了更好保持住自己的职业训练，也需要社会人不断进行知识的丰富和职业认知的增强。

三、终身教育的目的

在《终身教育引论》一书中，朗格朗先生认为终身教育的主要目的是实现更美好的生活，从中吸取一切有益的东西，使人过一种更和谐、更充实、符合生命真谛的生活。从这样的论述中也不难看出，朗格朗先生摒弃传统教育中的学校教育的目标，转而将教育的维度从有限的校园跨度到整个人生。再就是朗格朗先生丰富了传统的学校教育目的，传统的学校教育目的更加倾向于知识目标，而朗格朗先生将使人过一种更和谐、更充实、符合生命真谛的生活视为教育的真谛，确立了教育应该为人类的生活服务，为人类的生命服务的教育内涵。在《终身教育引论》一书中朗格朗提出，教育的真正对象是全面的人，是处在各种环境中的人，是担负着各种责任的人，简言之，是具体的人。朗格朗先生认为人既是独立的，也是族群的种类，通过终身教育的开展，能够丰富自然人的知识、品行及生活方式，并在《终身教育引论》一书中设计了很多丰富自然人进入社会后的职业训练。朗格朗先生认为通过终身教育的开展，能够完善人的性格，促进人的发展，让人能够幸福的生活。朗格朗先生在论述教育能够对自然人起终身促进作用的同时，也在强调教育的平民化，并且在其著作《终身教育引论》中也论述了教育平民化与终身教育之间的关系。认为平民化是教育的基础，终身化才是教育的目标，反之教育的平民化又可以促进教育终身化的进行。

终身教育是指教育并非是单纯的少年儿童的在校的一种学习行为，要贯穿人的一生。人的这一生所习得的知识也并非是单纯、孤立存在的，而是相互联系、相互促进，对人类起到螺旋上升的作用，而这样全面发展的自然人更会被社会所需要，能够更好地促进社会发展和人类的进步。再就是教育并非学校和老师的单纯行为，而是整个社会的重要组成部分，不应将教育封存于学校之内，不能割裂学校与社会之间的链接，而应是社会和社会的机构来共同完成的。欧洲传统的学校教育内容也过于保守，很多课程内容已经严重脱离了现实社会。在校园中书本作为国家课程意志的体现者，向学生灌输相对落后的学科知识，而教师作为学科知识的拥有者在校园里具有无上权威，封闭的校园、固定的书本和严肃的教师这些都无形中扼杀学生的天性，让学生的创造性和发散式思维方式得以固化，因此，学校更像是生产“人才”的流水线。朗格朗先生认为传统的学校教育将学生放在极其有限的空间（校园）中进行教育，以一纸文凭或学历作为人才的标签，以考试来筛选学生，将在考试中获取高分的学生视为优秀“人才”，将考试中分数不是很理想的学生视为不合格的“人才”并通过小学—初中—高中—大学来逐级淘汰。这样的学校教育将社会所需要的人才进行单一评比，仅仅评比的是分数和知识，这样的育人理念很容易让一部分在其他方面有天赋的学生淹没在这一培养体系中，是人才的极大浪费。诚然通过这样的学校教育模式可以培养一部分杰出人才，但是这部分人才的培养却需要牺牲很多孩子的教育机会换来。

基于上面的论述，朗格朗先生认为欧洲传统的学校教育存在着诸多问题，与社会发展相背离，为了更好地让教育服务于现实的社会发展，必须对传统的学校教育进行改革。朗格朗先生强调为了更好地适应当下的社会发展，需要对现有的学校教育模式进行变革，主要是让学生学会主动学习，教师不应过多地指挥学生去学习，学校教学过程中也不能过分强调以课堂为中心，应注意学生综合能力的提升，培养在创新、阅读、理解、分析、归纳等方面的综合能力。强调教育不是短暂的一时行为，而是适应时代发展的终身行为，学校教育仅仅是人这一生教育的起点和开端，因此，不能像传统的学校教育那样过于注重学科知识的传授，要发挥学校教育在整个终身教育体系中的作用。除此以外，朗格朗先生还论证了学生从学校毕业后，需要继续接受社会教育机构所进行的教育培训，也就是在终身教育过程中，要注意学校教育与社会教育的配合与衔接。从中可以看出，朗格朗先生在终身教育内涵的论述中，虽然在一定程度上批判了传统的学校教育，但仅仅是针对传统学校教育的问题以及部分与时代不符合的内容，并指出了修正方向，其实朗格朗先生还是非常重视学校教育的，并给予了很高的评价，认为学校教育是终身教育的重要组成部分，是起点、是开端，对于学生日后终身教育行为具有积极意义。认为只有孩子在年幼时学校教育对孩子在学习方面的理念与习惯打下基础，才能够更好地实现终身教育。

总而言之，朗格朗先生对于终身教育思想的论述是很有深度的，终身教育理念的提出，对于世界人才的培养提出了更为深刻的认识，在终身教育思想的基础上，20世纪60年代末世界各国纷纷进行了教育改革，提出了一系列新的教育理念，可以说，终身教育是这些教育改革的起点和序幕。

四、终身教育的发展

（一）终身教育的发展——《学会生存——教育世界的今天和明天》

《学会生存——教育世界的今天和明天》是国际教育委员会历时一年多在对世界20多个国家调研后，所提出的教育新观点，这一教育观点是终身教育的延续与发展。

学会生存是当前各国教育所面临的重要任务。传统的教育方式、教学手段、教育内容、教育目的是不能适应未来社会的要求、科技发展的挑战、社会公害的威胁的，要求教育以学会生存为重点，把教育当作一个长期的发展的工作来看待，终身教育的概念因而产生。教育实践中，生存实验的教学手段也被不断使用。“学会生存”成为教育工作的一个热点问题。

这样的新闻屡见不鲜：很多大学生，本身具备一定的学习能力，具有良好的素质，但是，离开家庭之后，他们在人际交往方面的表现却不能尽如人意。究其原因，教师和家长过分注重学习能力和知识水平的教授，而忽视了对他们的交往方面、处事方面的培养。

目前的中学生中也同样存在着这样的状况，在动手能力和心理承受方面都存在着类似的问题。一些学生无法承受一些突如其来的打击。这究竟是为什么呢？我们的孩子究竟怎么了？为什么这么不堪一击？

针对这个问题，人人都可以说出许多社会大环境的因素，但寻根问底，最关键的问题在于我们忽视了孩子生存能力的教育，而过分重视了智力培养。

一些在生存能力教育方面做得好的国家，学校和社会会专门在一些特殊年龄段对孩子进行一些十分有针对性地训练活动，比如野外生存训练；家庭中，他们也十分注重对孩子生存和生活习惯的培养，比如孩子到了一定年龄便不会再依赖父母而出门谋生，比如家长们会有意让他们减少衣物来增强御寒能力等等。这些看似简单的细节，却显现出了对生存能力的重视，当然也受益匪浅。这都值得我们学校及家长去学习。现在有部分家长出于对孩子的爱，运用各种办法为孩子选好了一条路，并预先排除掉一切障碍，希望孩子能在顺境中成长。其实这样的做法并不明智。孩子就像飞蛾一样，必须经过磨炼才能真正地展翅飞翔，在激烈的社会竞争中生存下来。

（二）终身教育的发展——戴夫的终身教育二十条原则

戴夫是联合国教科文组织汉堡教育研究所的研究员，经过多年的研究，戴夫认为终身教育理念是当下最为形式有效的教育思想，因此，其在工作之余开始对终身教育进行研究，终于在朗格朗先生的基础上，提出了著名的终身教育二十条原则，不仅是对终身教育内容的丰富，更是终身教育的深化与发展。

终身教育这个概念是以“生活”“终身”“教育”三个基本术语为基础的。这些术语的含义和对它们的解释基本上决定了终身教育的范围和含义。

并非在正规学校教育结束时便告结束，它是一个终身的过程。

教育不限于成人教育，它包括所有阶段的教育，学前、初等、中等及其他教育阶段。

教育既包括正规教育，也包括非正规教育。

家庭教育在终身教育初期起到重要作用。

家庭教育在终身教育体系中也起着重要作用，这种作用从儿童与之接触时就开始了。

中小学、大学和培训中心之类的教育机构固然是重要的，但他们不过是终身教育机构的一种。它们不再享有教育的垄断权，也不再能够脱离其他社会教育机构而独立存在。

终身教育从纵的方面寻求教育的连续性和一贯性。

终身教育从横的方面寻求教育的整合。

终身教育与英才教育相反，它具有普遍性，主张教育的民主化。

终身教育的特征是在学习的内容、手段、技术和时间方面，既有灵活性又有多样性。

终身教育对教育进行深入探讨，它促使人们能够适应新的变化，自行变更学习内容和学习技术。

终身教育为受教育者提供各种可供选择的教育方式和方法。

终身教育有两个领域，即普通教育与专业教育。这两者不是孤立的，而是互相联系、互相作用的。

终身教育有助于提高个人或社会的适应能力和革新能力。

终身教育发挥矫正的效能，克服现行教育制度的缺点。

终身教育的最终目标是维持、改善生活的质量。

实施终身教育的三个主要的前提条件是提供适当的机会、增进学习动机、提高学习能力。

终身教育是把所有教育加以组织化的一种原则。

在付诸实施方面，终身教育提供一切教育的全部的体系。

以上就是戴夫的有关于终身教育的二十条原则，从中可以看出，这些原则的提出深化了终身教育的内涵，扩大了原有终身教育的范围，也就是在朗格朗先生学校与社会教育的基础上，戴夫进行了发展，深化到家庭，并强调家庭教育在终身教育中的影响与意义。

（三）终身教育的发展——《教育——财富蕴藏其中》

《教育——财富蕴藏其中》是国际教育委员会对世界上多数国家进行调研后所得出的研究报告，是世界教育史上具有里程碑式意义教育论著。《教育——财富蕴藏其中》一书与以往教育论著相比较为明显的优点便是，由于本书的撰写背景为世界经济大发展，伴随着交通的发展和信息化的进步，使得世界各国之间的沟通与交流达到从未有过的高度，各国间的经济依赖性增强。《教育——财富蕴藏其中》一书以宏观论述的方式，对世界范围的文化、政治、经济等进行深度分析，并注意着眼于未来世界的发展而提出了很多有针对性的教育变革方案。《教育——财富蕴藏其中》一书将终身教育摆在重要位置，深化了终身教育思想，提出终身教育是进入新世纪的关键所在，要求把终身教育放在社会的中心位置上。《教育——财富蕴藏其中》对终身教育的内涵做了进一步的揭示，主张把与生命有共同外延并已扩展到社会各个方面的这种连续性教育称之为终身教育。它认为，终身教育固然要继续重视它使人适应工作和职业需要方面的作用，但是，这绝不意味着，人是参与生产过程的简单因素，即把人视为手段而不是目的。除了职业和工作需要外，终身教育还应该重视它在铸造人格、发展个性以及增强批评精神和行动能力方面的意义，即终身教育应“使人作为人而不是作为生产手段得到充分的发展”。

（四）终身教育的发展——学习化社会理念的提出让终身教育由被动学习发展为主动学习

最早提出学习化社会这一思想的一般认为是美国的赫钦斯，但是赫钦斯较多的论述停留在推理与设想，并未系统化地对学习化社会进行定义和结构的构建。《学会生存》一书系统性提出构建学习化社会，后来波什尔也曾经深化这一概念。学习化社会是在特定的历史时期，为了满足各国的快速发展所提出的又一个教育理论，是早期有关于教育与经济的论述，其重要观点是将社会、个人在经济角度链动发展，更加强调学习的经济利益，认为学习化社会的创立有利于个体的自我完善，能更好地满足社会需求，提升个体的生活质量，从而促进社会经济的进步；反之社会经济的进步也需要创设学习化社会，来培养更多不断学习的个体满足社会经济发展的需求。

学习化社会的提出，是符合资本主义社会逐利这一特点的，很多事情都与经济相挂钩，传统的终身教育理念认为，学习是个体的自我完善、自我超越，对于学习所产生的经济效益方面的论述响度有限，而学习化社会这一观点的提出，很大程度上丰富和深化了终身教育理念，特别是学习的经济效益，将学习与社会经济发展互为因果关系，二者呈现正比例发展关系。学习化社会这一观点虽然有些激进（过多地强调学习的经济效益），但是也不得不承认教育确实也具有此方面的作用，中国古代也曾有云“书中自有黄金屋，书中自有颜如玉”等，也在侧面论述了学习的经济效益。因此，学习化社会的提出在一定程度、一定方面丰富和发展了终身教育理论。

终身教育思想的提出对于人类的发展具有积极的促进作用，某种角度上讲终身教育是人类历史上最伟大的教育思想，对于社会的进步起到很大作用。终身教育自身所涵盖的结构体系也非常发达，对于人类的意义也主要体现在两大方面，分别是空间和时间，从时间维度上讲终身教育是横跨人类一生的教育，从终身教育的提法便可以看出，从时间角度上讲是从生到死一生的时间内均需要不断学习、不断接受教育，在人生的后半阶段由于生存和生活的需要，更需要人们去学习新的知识与技术。从空间角度讲，终身教育是打破时空维度的教育，强调教育不能够在单一的空间内进行，任何空间的任何地方均能够进行学习。传统的学校教育体系所强调的空间维度便是学校，认为学校是人类接受教育的唯一空间，在学校这样的固定空间内，学生所学习的内容多为固定的课程体系，这样的以学校空间为固定空间的教育体系所培养出来的学生也会相对单一、刻板，如同流水线上生产出来的一样，其创造性、动手能力均相对较差，不利于人才的培养，更不利于国家的发展。终身教育强调打破学校教育制度固有的空间体系，转而以家庭、学校、社会等维度为一体的学习理念。终身教育认为教育与学习并非单纯一维的事情，而是多维、多结构的体系，各个维度和各个体系的存在也并非是孤立的，而是相互依附、相互存进，这些维度和体系均为人知识体系的进步起到促进作用。很多学者简单地将终身教育认为不过是学校教育完结后人们所从事的再教育，其实不然，它并不是学校教育内容在未来社会中简单的重复和延伸，而是人类从生至死所接受和进行的所有学习。终身教育从内涵角度上讲并不敌视和摒弃学校教育，反而将学校教育视为人一生中非常重要的阶段，是终身教育的重要组成部分，但是需要其他维度的配合。

终身教育从本质虽然指出了学校教育所存在的一些弊端，但是终身教育却离不开学校教育，终身教育的很多设想和理念必须从学校教育进行培养，学校教育是终身教育的根基和土壤，失去学校教育则终身教育便成为飘在空中的云，没有立足之处。在学校教育体系中有专门负责教育学生的教师，有相对完善的课程体系，对于培养学生的学习习惯、学习兴趣，以及未来所需的知识体系具有奠基的作用。由于社会发展的客观存在，以及知识更新的速度使得单纯的学校教育又存在着一些弊端，很难满足这一生所需要的全部知识体系，也不能满足人们的全部教育需求。而终身教育则认为人的一生都需要接受很多知识教育，学校教育仅仅是终身教育的重要阶段，学校教育和之后的职后教育以及社会经验的学习与积累是相互衔接密不可分的，都在一定程度上影响人们的发展。于是，我们以终身教育的视角来审视当前的学校教育，则更容易总结出学校教育的最终指向并非是分数，并不是知识量，而是培养学生学习的习惯，培养学生独立思考的习惯，进而为终身教育打下基础。

当前我国很多专家和学者对于终身教育的内涵理解不是很深刻，仅仅是从字面上进行解释，认为终身教育就是离开学校后，或者是工作后不能满足工作的需要所接受的再教育，国内部分学者的论文在知网上也可以查找到，更多的是倾向于成年人的部分，很少有专家和学者就终身教育的角度来审视当下的学校教育，而在现实的发展过程中，终身教育理念虽然受到很多国家、很多专家和学者的追捧，但是在实施过程中却举步维艰，很难撼动根深蒂固的学校教育理念。终身教育理念在半个多世纪的发展过程中，少有建树，没有发挥出其应有的功效。由于终身教育理念一直徘徊在学校教育体系之外，加之世界各国几乎没有几个国家设立了专门负责终身教育理念的部门和机构，因此，终身教育理念在世界范围内的实施和推广并没有起到应有的效果，对于当下各国学校教育的影响也相对有限，出现这样的结果原因应该是多方面的，笔者认为原因之一是终身教育理念作为一个新生事物，需要很长时间被人们所接受，并逐渐取代旧事物；再者终身教育理念作为指导人们学习的重要思想，其所涉及的时间和空间两大维度所包含的内容过于宽泛，涵盖了人的一生所经历的全部教育活动，这些活动过于庞大，涵盖内容太多，实施起来相对困难；再就是世界发展太快，各国之间的竞争加剧，各国急需更多短时间内能够对国家起到贡献作用的人才，而学校教育正好契合了这一国家意志，所以在短时间内终身教育理念并未起到积极作用，还需要社会的发展来进一步夯实终身教育理念的知识体系和实施方案，才能够更好地被人所接受。

从现有的认知水平可以看出，终身教育理念无论是对于社会的发展，还是自然人自身的进步均能够起到积极作用。只不过是由于终身教育体系过于庞大，所涵盖的内容过于宽泛，其实施起来是一项非常巨大的工程，需要很多国家急需的人才、财力和物力的支撑，只有在人们的认知理念得到深度发展，社会财富积累到一定程度的时候，终身教育理念才会得以更好地实施。

第三节　终身教育在内蒙古的发展

内蒙古地处我国北方，是以蒙古族为主体，汉族占多数的边疆少数民族地区。内蒙古地区自古便有重视教育的传统，近些年来在教育方面取得了一系列的优秀成绩。党的十八大以来，全区上下深入学习贯彻习近平总书记关于教育的重要论述，坚定不移推动教育优先发展，抓普及、促均衡、调结构、强内涵、建体系，各级各类教育协调发展，教育工作水平持续提升。全区学前教育毛入园率94%以上，高于全国平均水平12个百分点；义务教育普及程度保持较高水平，102个旗县（市、区）通过国家义务教育发展基本均衡认定；高中阶段教育提前完成国家“十三五”期间基本普及要求；高等教育毛入学率达到39.33%；毕业生初次就业率保持在88%左右。职业教育发展成效显著，中职、高职、应用技术本科相衔接的人才成长通道逐步贯通。教育经费投入持续加大，教师队伍建设得到加强，教育体制改革取得重要进展。为更好地总结这些年内蒙古教育取得的成绩，探讨终身教育在内蒙古的发展，特将终身教育在内蒙古地区的不断发展壮大进行总结，进而归纳出发展特点，来更好地总结前期经验，为今后更好地促进终身教育的发展提供理论支持。

一、1990年《中共中央关于制定国民经济和社会发展十年规划和“八五”计划的建议》在内蒙古的实施及其对终身教育的发展

《中共中央关于制定国民经济和社会发展十年规划和“八五”计划的建议》中强调，要进一步加强和改进专业科学研究机构、高等院校和大型企业的科研工作，密切它们之间的联系和合作。文件的制定过程中强调了高等院校在社会发展中的延伸作用，强调让所在省市的高等院校进行功能扩展，希望能够增加对于农业科学研究的重视，力争让本地区的农民注重科学种田。为了更好地贯彻这一发展规划，内蒙古地区开始以自身的教育系统为核心，让自治区高等院校中相关的农学专家深入地方，深入百姓家庭，深入田间地头，开办学习班，开办骨干班等，向当地农民讲授科学种田的基本原则与方法。

内蒙古自治区这一政策的实施，是对本地区终身教育的一次深化发展，无论是办学习班还是专家到农田现场指导，这些均是将理论知识转化为实践，都是通过一定形式对科学种田知识相对欠缺的本地农民的一次有组织的教育。内蒙古自治区政府一方面执行了国家的方针政策，另一方面在一定程度促进了内蒙古地区终身教育的发展。

《中共中央关于制定国民经济和社会发展十年规划和“八五”计划的建议》中强调，要大力发展职业教育。之后十年，要使多种形式的职业教育得到较快发展。要统筹规划普通高中、中等专业学校、职业高中、技工学校等，调整科类结构，提高教学质量。国家认识到我国现有教育系统过于单一，在全国范围内，大多数的学校均属于学科教育学校，这样既不利于学生的有针对性发展，也不利于学校间的竞争和发展。加之当时我国经济快速发展，对于产业工人的需求激增，使得国家开始对教育进行变革，力主实施各种形式的职业教育。

内蒙古地区也响应国家的号召，兴办职业教育，制定了符合本地区发展的职业院校发展规划，统筹推进区域内职业院校布局调整，每个盟市政府所在地重点建设好1~5所中等职业学校，支持10万人口以下的旗县探索综合高中发展模式，10万人口以上的旗县重点建设好1所职教中心（职业高中），40万人口以上的旗县建设2所具有特色的职业学校或进一步扩大现有职业学校办学规模，推动县域中等职业学校在校生规模达到800人以上，积极打造在校生3000人以上的高水平中等职业学校，推动建设中等职业教育集团；支持民族中等职业学校特色发展，拓宽民族地区职业教育的专业设置；推动旗县中等职业学校多元发展，积极承担各类社会培训任务；引导贫困旗县和边疆偏远旗县建设1所符合当地产业发展要求的中等职业学校。

在内蒙古地区职业院校发展的过程中，由于人们认识的问题，发展举步维艰，更多的学生和家长更加愿意选择正规的公立学校去学习专业知识，很少有学生愿意进入职业院校去学习技术。内蒙古地区职业院校学生主要是一些学习不好的学生和部分大龄青年，这些大

龄青年在社会中由于受学历和能力的影响没有能够找到合适的工作，又由于没有参加过高考而不能进入正规的高等院校。职业教育的出现，及时地让这部分社会人重新回到学校，接受再教育。这是内蒙古地区教育的延伸，不仅仅是对社会人自身有提升，也是内蒙古终身教育的发展。

《中共中央关于制定国民经济和社会发展十年规划和“八五”计划的建议》中强调，要积极发展成人教育。要坚持多种形式、多种途径的办学路子，大力开展岗位培训，不断提高企业职工队伍的技术和专业水平，提高广大农民运用农业新技术的能力。在继续整顿成人高等学历教育的基础上，办好成人高等教育，切实提高教育质量。

文件中明确指出，发展成人教育，要增多办学路子。内蒙古地区为贯彻文件精神，结合本区实际特点，在各个盟市创建了独立的电视大学、老年大学、继续教学学院等一批专业的成人教育机构，这些机构的存在保障了所在地区成人教育的需求。

二、1993年《中国教育改革和发展纲要》在内蒙古的实施及其对终身教育的发展

《纲要》提出：成人教育是传统学校教育向终生教育发展的一种新型教育制度，对不断提高全民族素质，促进经济和社会发展具有重要作用。要适应经济建设、社会发展和从业人员的实际需要，积极发展。要本着学用结合、按需施教和注重实效的原则，把大力开展岗位培训和继续教育作为重点。重视从业人员的知识更新。国家建立和完善岗位培训制度、证书制度、资格考试和考核制度、继续教育制度。大力发展农村成人教育，积极办好乡镇成人文化技术学校。全面提高农村从业人员的素质。抓紧扫除青壮年文盲，坚持标准。讲求实效，把文化教育和职业技术教育结合起来。各级政府要增加扫盲拨款，设立扫盲基金，并加强领导，把扫盲任务落实到乡、村。成人学历教育要加强和普通学校的联系与合作，努力体现成人教育的特色，注重提高质量。不具备颁发学历文凭资格的各种成人教育机构，可以发给毕业生写实性学习证书；毕业生要取得国家承认的学历文凭，可以参加国家组织的文凭考试或自学考试。要完善和发展自学考试制度，鼓励自学成才。

这一文件不但要求各个省市要深化成人教育，布局终身教育，并且在原有强调终身教育的同时，进一步指出终身教育要向农村深化，指出在农村地区开展成人教育的意义。

当前在我国高等院校主要有两种：一种为公立院校，另一种则是私立院校。二者之间最大的区别在于，公立院校的办学人多为政府下设的行政部门，而私立院校的办学人则为社会组织和个人。民办学校在我国历史上出现较早，兴办私学的始祖最早可以追溯到孔子，后在中国历朝历代均有发展，尤其到宋朝，私学达到了顶峰。私学在中国的各朝各代几乎都有出现，但在各朝各代的境地不太相同，所遭受的待遇也有很大差异。

私学进入近代后，特别是随着鸦片战争中国的大门被打开，很多列强进入中国，让部分

有识之士开眼望西方，提出了废科举、兴学堂的口号，使得近代私学达到高峰。1949年中华人民共和国成立后，由于害怕受到国外意识形态的影响开始禁办私学，使得私学暂时退出历史舞台。我国民办教育事业在 20 世纪 80 年代开始逐步恢复，并伴随着改革开放对于人才和学校的需求不断增多。值得一提的是民办高校的发展，对于国家特殊时期的教育资源不足起到了弥补作用。民办高等教育主要是指具有专科层次（包括专科）以上学历资格的高等教育。

三、1995年《教育法》在内蒙古的实施及其对终身教育的发展

《教育法》第四十一条明确提出，从业人员有依法接受职业培训和继续教育的权利和义务。国家机关、企业事业组织和其他社会组织，应当为本单位职工的学习和培训提供条件和便利。本条的具体含义我们可以理解为，教师有参加继续教育的权利，学校或者教育部门应该支持这项行为。《教育法》在制定的过程中，或者说《教育法》的制定者本身对于终身教育已经有深刻的理解，用法律的形式将教师在毕业后继续接受教育界定为法律层面上的权利。

为了更好地贯彻《教育法》，保障内蒙古自治区教师参与继续教育的权利，2003年8月19日自治区人民政府第十三次常务会议审议通过了《内蒙古自治区中小学教师继续教育规定》，自2003年10月1日起施行。文中强调中小学教师继续教育，每5年为一个培训周期。每个培训周期内，新教师的培训时间不少于120学时，教师岗位培训时间累计不少于240学时。参加学历进修的中小学教师可以免于参加同期其他形式的相同内容的培训；各级人民政府教育行政部门应当依照经费管理权限，每年从年度教育事业费中按中小学教师工资总额的1%~2%安排用于中小学教师继续教育；从城市教育费附加中提取不低于15%的经费用于中小学教师继续教育等内容。从中可以看出，内蒙古自治区政府非常重视终身教育的发展，并将教师的终身教育立法，以更好地保障终身教育的实施与开展。

《教育法》第四十二条中明确提出，国家鼓励学校及其他教育机构、社会组织采取措施，为公民接受终身教育创造条件。《教育法》是中国以法律形式强调鼓励公民接受终身教育，并鼓励教育机构和社会组织参与到终身教育中。这对于终身教育在中国的实施与开展具有里程碑式的作用。在这一法律的保障下终身教育如雨后春笋般在中国大地上开始生根发芽。很多大学开始纷纷建立起了继续教育学院，社会上很多个人也开始兴建培训组织和机构，参与到公民的终身教育体系建设过程中。

四、2010年《国家中长期教育改革和发展规划纲要》在内蒙古的实施及其对终身教育的发展

《纲要》的“职业教育培养模式与体制机制改革研究”指出，主要研究内容：深化职业教

育办学体制和管理体制改革；建立行业、企业、学校共同参与的机制，进一步发挥行业、企业在职业教育和培训中的重要作用；深化职业教育教学改革，加强专业、课程和教材建设；推行工学结合、校企合作、顶岗实习的职业人才培养模式；推进东部对西部、城市对农村中等职业学校联合招生合作办学；推动职业教育集团化办学；推广职业教育两个“三段式”办学模式；加快公办职业院校内部管理体制改革；建设职业教育质量保障体系；职业教育与职业资格证书制度。

“继续教育国际比较研究”指出，主要研究内容：国际上继续教育发展趋势及可资借鉴的成功经验，重点包括国外继续教育自制度和法制、“立交桥”建设、质量保障机制、评价激励机制以及投入机制等。

“教育发展目标与制度政策保障研究”指出，主要研究内容：2012年和2020年继续教育发展的战略定位、指导方针、战略目标和重点领域；推进继续教育改革发展的重大项目和政策举措，包括完善体系与构建“立交桥”、加强制度和法制建设、创新管理体制、改革继续教育模式、建立继续教育质量保障、评价和激励机制、构建继续教育资源平台与促进资源整合等。

基于《国家中长期教育改革和发展规划纲要》，内蒙古自治区结合本地区实际情况，制定了符合本地区发展的《内蒙古自治区中长期教育改革和发展规划纲要（2010—2020年）》，将实现更高水平的普及教育、提供更为丰富的优质教育资源、形成惠及全民的公平教育、构建体系完备的终身教育、构建更具活力的教育体制机制定为战略目标。

第四节　内蒙古终身教育的特点

内蒙古自治区是我国北方重要省区，全区2400万人口，终身教育开展的好坏直接影响到自治区经济的发展和全区各族人民的幸福。为了更好地给全区各族人民增进福祉，促进内蒙古自治区教育、文化、经济的有序发展，全区有针对性地开展了终身教育活动，并由于地域与民族存在一定特殊性，使得内蒙古自治区的终身教育也呈现以下四方面的特点，分别为：内蒙古终身教育理念逐步深化并深入人心，内蒙古终身教育逐步从被动的学历教育向主动的终身学习转变，内蒙古终身教学手段部分丰富和发展，内蒙古终身教育城乡牧区因地制宜统筹推进有序链动发展。这些特点既展示出了内蒙古自治区多年来推广终身教育的成绩，也体现出了终身教育对于促进内蒙古的经济所起到的积极作用。

一、内蒙古终身教育理念逐步深化并深入人心

从20世纪60年代终身教育提出后，终身教育便受到各国的重视，在60多年的发展过程中，不断丰富与完善了终身教育体系，政府和社会均建立了国家或者是私人性质的教育培训组织机构，使得教育体系不断完善，教育内容不断丰富，最终形成了终身教育的系统化、网格化发展。伴随着终身教育在内蒙古地区的开展，使得终身教育的理念进一步得到深化，传统社会人对于终身教育的认识与认知仅仅停留在继续教育或者称之为职后教育，也有一部分社会人将其视为后学历，是部分社会人为了获取更多的劳动报酬而进行的学习或者镀金。伴随着世界范围内知识体系更新速度加快，工业化、信息化、自动化程度越来越高，对于劳动者的要求也在不断提升，因此，劳动者为了顺应时代发展，为了更好地胜任本职工作，开始认识到终身教育的意义，逐步在工作之余完善自身的知识水平。再者，随着终身教育理念深入人心，使得社会上衍生出了终身学习这一更为深刻的理念，使得对于社会人的被动知识传输，转化为主动知识输入。在终身教育内涵不断丰富的同时，终身教育的主要人群和主要教育内容也在社会发展中逐渐显现出来。在调查中发现内蒙古自治区终身教育的重点也可以称之为最主要的受众群体为成年人，特别是年纪偏大的老年人更是终身教育的重点。众所周知，知识更新速度飞快，越是年纪偏大的人群其学历教育越早，自身的知识体系越陈旧，越需要接受终身教育或者进行终身学习。再就是在内蒙古自治区终身教育多年的实践中可以看出，进行终身教育的内容主要是技术学习，特别是细化的专业技术更加受到人们追捧。传统的校园教育更加倾向于对学生进行系统知识的学历教育，所培养出来的学生也往往是掌握部分理论知识的毕业生，其动手实践能力往往相对较差。而内蒙古自治区终身教育的主要教育内容为专业技术教育，这样的教育内容往往能够起到即学即用弥补自身不足的优点。内蒙古自治区终身教学手段在这些年也不断产生变化，由原来的集中授课，逐渐向网络化教育转变，这样既可以节省经济成本，又可以为终身教育在学习时间上提供更多的可能，不至于耽误自身工作。

二、内蒙古终身教育逐步从被动的学历教育向主动的终身学习转变

20世纪60年代提出了终身教育，为了响应这一世界发展的主题，全国各地纷纷建立了很多终身教育需要的机构与场所来更好地顺应终身教育的开展，在这一阶段很多高等职业院校承担了主要的终身教育任务，为终身教育的发展起到了促进作用。但是笔者经调查和走访部分专业人士了解到，真正促使终身教育在内蒙古自治区开花结果的并非政府的推广与倡导，而是市场的要求与选择。在内蒙古自治区终身教育的发展过程中出现了两次飞跃，一次是20世纪90年代，内蒙古自治区大力倡导国企改革，将众多吃大锅饭的国有企业逐步推向市场，接受市场的检验，使得很多原有体制内的工作人员，逐渐流入市场，这部分人员由于多年在体制内工

作，不能够更好地适应市场竞争，在这一时期内蒙古自治区出现了一次终身教育的高潮，很多社会人自发进行学习，学习新知识、新技术来更好地适应社会竞争。内蒙古自治区终身教育的第二次发展高峰来自2000年后的城市化进程，城市化进程加快后，使得优质的卫生、教育资源向城市集中，在内蒙古自治区逐渐出现了以各个盟市政府所在地为核心的大城市和以县区为中心的地方中小城市。城市化进程让部分农村的剩余劳动力逐渐流向城市，这部分人群由于自身的学历教育水平相对较低，进入城市后为了获得必要的生活必需品，占有必要的生产资料，开始重视自身的教育与学习，很多在工作之余进入一些教育机构学习相对先进的工作与管理的理念、先进的技术，充实自身的能力体系，以更好地提高自身的社会竞争力，更好地适应社会发展。内蒙古自治区城市化进程无形地促进了终身教育在本地区的第二次飞跃。

三、内蒙古终身教学手段部分丰富和发展

20世纪70—80年代终身教育开始在内蒙古得以迅速发展，承担终身教育主阵地的便是内蒙古传统的八所高等院校，其中工业类的终身教育多在内蒙古工业大学进行，师范类的终身教育多在内蒙古师范大学进行，农业类的终身教育多在内蒙古农业大学开展，医疗卫生方面的终身教育多在内蒙古医科大学进行。这些高等院校的存在，在一定程度推动内蒙古自治区终身教育的有序进行，对内蒙古教育事业的快速发展和经济的腾飞起到促进作用。内蒙古自治区的高等院校也顺应时代发展，纷纷成立了所在单位的继续教育学院，聘请专门的教师，设置专业课程，让内蒙古自治区的终身教育有章可循，加速内蒙古自治区终身教育的进程。也有部分需要对自身企事业单位进行大规模专业技术教育的，将部分在国内外有一定影响力的专家学者聘请到所在企业，对员工进行集体教育，以内蒙古交通职业技术学院为例，多次将吉林大学的部分专家学者聘请到所在院校对部分教师进行集中培训，这也在一定程度上践行了终身教育，丰富了终身教学手段。伴随着市场经济的不断深入发展和城市化进程的加快，内蒙古自治区终身教育的人群基数不断扩大，这也让部分社会群体看到了商机，纷纷申请办学资质，加盟专业的技术教育院校，聘请高水平的教师资源，开始兴办民办的大专院校，特别是20世纪90年代末和21世纪初的一段时间，以呼和浩特为例前后出现了几十家民办专科学校，这些学校的诞生丰富了内蒙古自治区的办学体系和规模，丰富了办学的内容与特色，让内蒙古自治区的社会群体有更多的选择机会。伴随着信息化技术进步，我国网络应用发生了较大变化，网上购物、网络交流成为社会主流，这样也衍生出了教育模式和教学手段的更迭，由传统的学校教育不断向在线教育进行转变，网络教育与终身教育二者在教育目的、手段方法等方面取长补短完美融合，这更在某种程度上促进了内蒙古自治区终身教育的普及与开展。内蒙古自治区在实施终身教育的过程中不受制度和观念的拘束，不断深化终身教育教学手段，更好地服务于内蒙古自治区的教育群体。

四、内蒙古终身教育城乡牧区因地制宜统筹推进有序链动发展

内蒙古自治区在进行终身教育的推广过程中，之所以取得巨大成就主要是由于其不搞形式主义，真正将农村牧区有用的知识第一时间传递给所需要的人，进而促进其进步与发展。内蒙古自治区是一个拥有广阔地域的多民族省市，多年来形成了以农业和牧业为基础，以资源开采、冶炼冶金等为主体的经济发展模式。内蒙古自治区部分领导在推广终身教育的过程中，摒弃了形式主义，真正做到了以人民为中心，为人民谋幸福，将终身教育真正用来指导所需要的人，能够做到学以致用，例如，内蒙古终身教育在推广实施中，结合农村地区现实情况，教授农民科学种田，让农民在农忙之余学习了科学种田的基本技巧；教授农民开展大棚种植。在内蒙古武川县推广科学种植土豆技术，在赤峰市敖汉旗推广科学种植小米技术，在扎鲁特旗推广荞面种植……一系列终身教育的开展有序带动了当地农民快速致富。此外，内蒙古还针对自身草场面积巨大，全区牧民人口比例较高的特点，向牧民推广终身教育、终身学习等理念，多次组织专家学者深入牧区将科学喂养、科学接种、科学屠宰等专业知识教授给牧民，让老百姓真正得到实惠，缩小城市与农村牧区发展差距，打开全区人民积极学习、努力进步的有序局面，让内蒙古自治区的城市和农村牧区相互弥补，链动发展。

第五节　未来终身教育在内蒙古的发展趋势

内蒙古自治区作为我国北方一个以蒙古族为主体，汉族占多数的少数民族自治区，在经济、教育、文化等方面的发展上都落后于南方沿海地区。终身教育理念的发展亦是如此，虽然我国一直在倡导素质教育，提倡终身教育，但是现实中内蒙古自治区的教育主体上还是以应试教育为主，在教育发展过程中仍然注重学生分数的提高，忽视学生能力和素养的形成。终身教育在这样的教育理念下举步维艰。为更好地促进内蒙古自治区终身教育发展，提出以下几点发展建议，希望对内蒙古自治区终身教育的发展起到促进作用。

一、内蒙古自治区要统筹办学机构资源进行整合

要实现“人人皆学、时时能学、处处可学”的终身教育目标，内蒙古自治区资源整合共建共享显得尤其重要。首先，要打破内蒙古自治区教育资源融通的制度壁垒，做好搭建终身教育“立交桥”的衔接工作。彻底打破“各种教育类型与形式之间”及“学校教育与社会教育之间”的隔阂，打通内蒙古自治区学校与学校外教育资源的阻隔，在两者之间架起有机连接的

“立交桥”。结合课程设置和课程教学改革，实现不同级不同类的课程教育及学分的沟通和衔接，扩大课程和学分的互认范围，方便学生成才，减少资源浪费。其次，注重城乡之间进一步均衡。近几年，乡镇、农村备受重视，但由来已久的城乡二元结构影响依旧。

二、内蒙古自治区终身教育的发展要有法可依

终身教育的立法是构建终身教育体系的关键因素。内蒙古自治区政府要通过法律制度建设，明确各级政府责任、权利和义务，减少终身教育体系构建的随意性和盲目性，更好地对各个部门进行统筹协调，形成良好的运行机制，促进终身教育事业在内蒙古自治区的发展。从国外终身教育的实践来看，许多发达国家如日本、美国等都相应地制定了终身教育法，对终身教育的地位、作用及实施途径做了较系统的规定，从而促进了本国终身教育的发展。我国虽然在《教育法》和中央各项重要政策中明确提出建立终身教育的目标，但全国性的终身教育法规还未颁布。而福建、上海、河北、太原、宁波等地已颁布了地方性的终身教育法规。因此，内蒙古自治区政府可借鉴这些地方性法规形成适合本省的终身教育条例。

内蒙古自治区应从强制性和规范性的角度保障终身教育发展。结合终身教育新形势发展要求，出台加强终身教育综合改革指导性文件，全面推进终身教育事业在内蒙古自治区的持续健康发展。

三、内蒙古自治区应建立终身教育发展的评估机构

在终身教育背景下，办学主体多元化、办学形式多样化会成为一种趋势。扩大内蒙古自治区终身教育评估范围，整合各级各类教育资源，整体评估内蒙古自治区终身教育发展水平。调整内蒙古自治区各级各类学校的评价指标体系，增加共同性，并通过加强督导评估，督促不同学校对相同资源按同样标准和要求加强建设，为资源共享创造条件。加强内蒙古自治区终身教育办学质量标准研制，并纳入教育督导评估体系；建立内蒙古自治区终身教育评估机构，承担督导评估第三方业务委托，颁布每年一次的终身教育质量评估蓝皮书；加强内蒙古自治区终身教育重大问题研判，对根本性的、趋势性的、方向性的继续教育问题及早谋划对策与管理规范。建立内蒙古自治区教学质量评估标准，明确内蒙古自治区终身教育定位，从内蒙古自治区政府层面制定终身教育质量标准，建立和完善适应终身学习需要的评价体系，采用现代教学技术手段与评价标准，突破时间与空间的限制。

实现对学习者长时间、跨地域的学习进行持续的跟踪考核、评价、记录、积累，进而做好科学实现学习成果转化的设计。

四、完善内蒙古自治区终身教育制度与人员配置

建立内蒙古自治区工作者队伍保障制度。通过具体的规范性政策和制度来保障终身教育教师的权利和能力建设，建立终身教育师资准入制度、岗位培训制度、职称评聘制度、教学成果评奖制度及荣誉制度等；对内蒙古自治区从事终身教育管理和教学工作人员，各级教育管理部门应设立专门岗位，按照区域常住人口万分之二的标准配备专职人员；对于内蒙古自治区有特别专长的社会人士可以作为兼职、志愿者教师予以聘任；保障终身教育专职人员的工资福利和社会保险待遇，终身教育专职人员工资待遇要与所在区域中小学教师一致。内蒙古自治区终身教育专职人员的职称评审纳入相关部门的职称评聘系列，教育管理部门应在教师职称系列中为终身教育专职人员设立相应学科评审组。制定内蒙古自治区终身教育工作者岗位规范和专业化标准，制定内蒙古自治区终身教育工作者专业成长三年行动规划，开展全省终身教育各类培训、比赛和项目研究。

终身教育思想作为当今社会最为重要的教育理论，引领着世界各国进行教育变革与发展。终身教育思想作为当下主流教育思想，其理论的起点和重点都指向了人的全面发展，并通过时间和空间两大主线来强化人在每一阶段均要接受教育。

终身教育突破了传统教育的一般局限性，从更广阔的社会大背景对传统教育理论及其弊端进行了较为深刻的反思和批判，从一个全新的角度对教育作出了论释，从而使教育理论产生了一次新的变革。

终身教育思想有别于传统的学校教育理论，让人们开始重新审视教育问题。以往人们提及教育问题首先想到的是相对封闭的学校教育，虽然伴随着社会的发展，部分学者也提出了大教育的问题，但是根植于人类内心的文化依然是学校教育，因此，社会上大多数的人提及学习和教育多指学校教育，以为学校教育就是教育，教育过程就意味着按计划使儿童在学校中接受文化知识的过程，学校教育的结束就意味着一个人一生所受教育的结束。持这样观点的人们，对于教育的理解过于狭隘，对于知识的了解也相对落后，与时代的发展相背离。而很多学者所强调的教育改革，很多学校内进行的变革，仅仅是就教育而论教育，所培养出来的人才也很难满足社会的快速发展需求，使得人们不断需要去迎接生存和生活带来的很多问题。人越是年岁高，所面对的生存和生活的问题也会越烦琐，因为，老年人所掌握的知识与生存技能与社会的发展出现脱钩，特别是当前很多国家已经进入老龄化社会，老年人由于生理因素也不能再从事繁重的体力劳动，加之缺少相对前卫的知识体系，这都让部分老年人在社会生活中举步维艰。因此，终身教育认为教育不能单纯是学校的事情，更是贯穿于人类一生的教育；教育也并非单纯的是学校的问题，而是家庭和社会的综合问题。所以说终身教育认为教育是人的一生无时不有，无处不在的问题。终身教育的提出，是人类对教育认识的深化与超越。

终身教育思想开拓了人们的研究视野，使人们意识到当代教育改革是一项全人类的系统工程，必须将某一具体教育问题置身于这一大的系统中去考虑，才能有所得，否则仍然不能解决问题，最终无法适应社会发展的需要。

可以说终身教育自诞生之日起，便影响着人类社会的发展，很多当代教育理论的提出均是源自这一思想。可以说终身教育思想贯穿于世界的发展，对当前的教育改革起到推动作用。

首先，终身教育思想的提出突破了传统教育的垄断作用，促进了人类向前发展。终身教育并不是如同传统的学校教育那样，单一的就教育问题而论教育，而是将教育视为一个系统一个综合体，所涵盖的内容极为宽泛，主要有学校、家庭、社会、工作等所有环境下所进行的学习，这些学习内容是人类迎接生存与生活挑战所必备的资源。如果不能从相互联系的角度去审视时下的教育问题，而就教育论教育，将教育改革仅仅是停留在学校层面，则很难从本质上解决教育的瓶颈问题，也很难通过现有的教学手段来培养出更为优质的建设人才。终身教育把学校教育之外的一切教育因素都包容到教育概念中，力图最大可能地弥补在当代社会发展中学校教育日益暴露出的局限和不足，从而为更多的人提供他们所需要的学习和受教育的机会，提高人们迎接挑战的能力，为人类教育的改革和发展提供更加广阔的前景。

其次，从终身教育思想诞生的时间可以看出，是在资本主义国家快速发展的时期，特别是计算机的出现使得人类的工作效率明显提升，信息化的普及让知识的传递速度和更新速度更快，使得传统的学校教育理念很难适应当时的社会发展，在这样的大环境下提出了终身教育思想。从某种角度上讲终身教育思想的提出与学校教育自身所存在的缺点有一定关系，虽然终身教育并未正面否定学校教育的存在，但也是在理念的宣传和推广过程中一定程度上对现实的学校教育进行了批判。这种批判是辩证的批判，在否定其学校教育自身所存在的不足的同时，也肯定了学校教育在人类千百年的发展过程中所起到的积极作用，学校教育作为人类知识与文化的最主要传播机构，在未来的很长时间内仍然会存在，而且会在整个教育体系中起到举足轻重的作用。终身教育既不是传统学校教育的简单延伸、简单叠加、简单重复，也不排斥学校教育的存在与价值，而必须内在地包含并以青少年必须接受的学校教育为基础，是内容更加丰富、形式更加多样的一种教育。终身教育思想指出了学校教育在千百年的发展过程中所存在的一些问题，但是终身教育思想也强调了学校教育所存在的意义，终身教育思想认为在人的任何一个阶段都需要接受教育，而学校教育更是终身教育的起点和定型阶段，是终身教育的重要阶段。由于终身教育的方向性和科学性使得其很快被世界各国所接受，成为世界各国进行学校教育改革的纲领性文件，在终身教育思想的引领下，学校教育理念发生了较大变革，其中最具影响力的是将教育的目的从单一的习得知识转变为培养具有综合素质的国家建设者；在学习手段上由过于注重填鸭式的知识传授，转变为注重发展学生的综合素质培养，特别是注重学生学习习惯和学习理念的培养。这主要是基于终身教育思想认为，学校教育在人的终身教育中起到积极作用，是一个蓄力或者是准备阶段，是为更好地进入社会并适应这个社会所进行的蓄力和准备，因此，在当前的学校教育课程体系中应该更加侧重于综合素质的培养，而不应过分迷恋学科知识，应注重学生学习能力的培养，注重学生动手能力的培养，注重学生解决实际问题的能力，不仅满足了社会各阶层人们日益增长的教育需求，而且充分利用了学校的各种资源，从而弥补了社会教育资源的不足。

在我国教育一直都是每个家庭的头等大事，很多家长、老师都疲于奔波在孩子的教育问题上，为了自己的孩子能够考取名校，为了自己的孩子能在班级中的名次靠前，很多家长不厌其烦地对孩子进行强化学习。当前在我国孩子的书包越来越重，孩子的眼镜片越来越厚，造成这种结果的原因主要是孩子的学习任务过于繁重。

中华人民共和国成立后我国便一直对教育进行改革，力争实现教育突破，但是无论哪次的教育改革，都难以突破分数带来的魔咒，走来走去还是回到了原点，还是在走应试路线。终身教育思想在我国的传播，有利于我国教育系统的向前发展，首先是有利于我国教育改革方向的确立，在我国由于学生的课业负担较重，使得学生被动地去学习，体会不到学习带来的乐趣，厌学情绪逐年上升，这已成为我国教与学的主要矛盾，如何减轻学生的课业负担，如何缓解学生生理和心理上的压力，成为我国教育行业急需解决的问题。终身教育在我国的传播，让很多国人认识到孩子的学习时间相对较长，孩子所经历的小学、初中、高中这样的学校教育，仅仅是终身教育的一个阶段，和终身教育相比仅仅是一个非常短暂的阶段，孩子在一定阶段所取得的分数仅仅能够代表过去，而这些阶段和终身学习相比，也仅仅是个很短暂的阶段。学生所学的知识，无论是来自书本还是来自实践，被学生掌握后便是这些知识落后的开始，便需要更新，学生在学校所学的知识再多、分数再高，那也仅仅代表的是过去所取得的成绩，因此，我们有必要以终身教育的观点来审视一下当前我国的教育，特别是我们的教育目的与教学方法，教育目的过于功利化，过分夸大考取一所优秀的大学对于孩子终身的意义，在教学方法上过于注重灌输式，注重知识的死记硬背，转而忽视了学生动手能力和学习习惯的养成，也就是说，学校不只是知识的提供者，更是终身学习者的养成所。近年来，我国中小学在终身教育思想指导和影响下，改变了观念，重新认识了学校教育的目的，推行素质教育方面已取得了明显的成效。因此，虽然说终身教育思想的实践有赖于学校教育的重建，但反过来说，终身教育思想又为学校教育的发展提供了新的视野。

再就是终身教育理念在我国的推广与实施，使得人们对于成人教育的内涵也有了更为深刻的认识，在我国很多社会人纷纷报名参加成人教育、网络教育、老年大学等通过这些途径来获取更多知识。在这一过程中，学习者无论是从功利角度上讲还是从私人角度上讲都是有利于社会的发展和进步的，这样的学习模式不仅有利于国人文化修养的提升，也有利于终身教育理念在中国的践行。值得注意的是在社会办学的过程中，要防止很多人仅仅是追求学历，对于知识学习没有过多的意愿，将社会办学和终身教育仅仅当成升迁和增加工资的手段。如，1993年颁布的《中国教育改革和发展纲要》明确提出，“成人教育是传统教育向终身教育发展的一种新型教育制度”。《中华人民共和国教育法》第11条指出，“国家适应社会主义市场经济发展和社会进步的需要，推进教育改革，促进各级各类教育协调发展，建立和完善终身教育体系”。可见，终身教育思想为我国成人教育的发展提供了广阔的前景，同时，在现有的条件下，终身教育思想唯有借助于我国已有的成人教育的坚实基础才能得到有效的实施和发展。

终身教育思想提出将教育贯穿于人的一生的各个阶段，主张教育的社会整体性，即打破家庭教育、学校教育、社会教育之间的彼此隔离状态，把人生各个阶段影响人的发展的各种因素有机地结合起来。这些思想已被世界许多国家的教育实践证明，是具有可行性的战略决策。事实表明，终身教育已不再是乌托邦式的幻想。1996年由雅克·德洛尔任主席的国际21世纪教育委员会向联合国教科文组织提交了《教育——财富蕴藏其中》的报告，其中也指出，“终身教育不是一种遥远的理想，而是在以一系列强化这种教育需要的变革为标志的复杂教育环境中日趋形成的一种现实”。但是，终身教育的全面展开和实现，必然以一系列社会的、教育的物质设施等客观条件的具备和国家政策决策人、教育工作者与广大民众的教育观念等主观因素的成熟为依托和基础。所以，尽管以终身教育为原则对学校教育、社会教育等方面进行的改革取得了一些成就，但这不足以表明，终身教育的思想已不折不扣地变成了现实，或者说终身教育是解决一切教育问题，甚至社会问题的万应药，而只能说，已取得的这些成就只是向终身教育的全面实现迈出了一小步。因此，我们应该清楚地意识到，终身教育的实现必然是一个渐进的、漫长的过程。尽管如此，我们应该坚信终身教育的前景是极其光明的。

第五章　内蒙古民族传统体育的生成背景与价值探析

第一节　内蒙古民族传统体育的生成背景

一、生态环境与内蒙古民族传统体育

我国是一个民族众多、历史悠久的文明古国。源远流长的中华文化是各民族共同创造的。人类为了自身的生存，对自然资源的利用从简单到复杂不断演进。具有意志和主动性的人类自身，虽然是扰动自然秩序的一个极为重要的因素，但人是社会化的动物，本质上受文化活动的影响，人类生产方式的每一次飞跃，都伴随着文化活动的进步。在生产方式发展的进程中，必然构成众多特殊的文化现象。反过来，区域文化对人们的心理、性格、行为有着深刻的影响，不仅锻炼人们特殊的习性，而且在一定程度上决定了人们的价值取向。各民族之间在文化上互相渗透、互相影响，汇聚形成了中华民族的灿烂文化。

生态环境造就了生存在内蒙古的蒙古族独特的生产方式、生活习性、民族性格、精神与文化，产生了众多蒙古族特色体育项目。

蒙古族先民的聚居地，地理环境多崇山峻岭，溶洞暗河，山高林密，猛兽成群，生产力水平低下，生存环境险恶。为了改善生活质量，蒙古族先民以坚韧不拔的毅力、过人的智慧，不断与大自然进行较量，这个克服自然难题的过程就是形成生产、生活内容与生活方式的过程，体育活动自然也是在此过程中逐渐演化而成。蒙古族先民在与自然的斗争中，除了同恶劣的地理、气候环境作斗争外，也同凶猛的野兽作斗争，在同凶猛的野兽作斗争的过程中，除了用手中的武器（石球、石矛、箭、木棒等）将野兽打伤、打死外，还徒手同野兽搏斗。蒙古族的竞技运动和祭礼赛会，其内容就是摔跤运动。摔跤运动简便易行，不受时间、空间的限制，摔跤所采用的抓、抱、摔、扭等动作技巧，也最容易继承。

北疆草原上蒙古族人兽相搏和战争中的人类互搏，这样的徒手搏斗就是蒙古族体育摔跤的雏形，它是人类狩猎生活的产物。狩猎时代是人类共同经历的一个历史时代，北方的内

蒙古阴山岩画，就是有力的证明。自然地理环境制约了人们的生产手段，社会越原始，自然环境对生产手段的制约越显著，生产手段越单一，伴随着生产手段而发展起来的单一的运动技术越娴熟。大漠的赛驼、骑射、丛林的射弩，无不保留蒙古地域条件下一定的生产生活工具与生活方式的烙印。蒙古族过着狩猎和采集的生活，使他们具有极强的攀登和奔跑能力；长年的游牧生活，锻炼了他们的骑马技术和射箭水平。正如美国地理学家辛普尔（Semple，1863—1932年）在论及地理环境对人类体质影响时所阐述的："在高山上，它给人以铁打的铁腿去攀登陡坡；在海岸边，它给人留下了软弱的腿，但却给人们发达有力的胸膛和手臂去掌握航桨。"

过去蒙古族主要过游牧生活。草原的马都是成群放牧的。马群大约由二三百或者三四百匹马组成，好像一个"社会"；大群之内又分若干个小群，每个小群由一匹或几匹马统领十几至二十几匹，宛如一个"家庭"。而且，马的记忆力很强，能够分清主人和客人、熟人与生人。好马对于主人忠实、驯服，而对生人却不客气，不让生人靠近。好马对于长期役使它的人感情很深，一旦主人去世或者同它分开，马会"悲痛万分"。所谓"马通人性"，就是特指这一习性。正是因为马具有上述价值和品德，所以，蒙古族对它产生了异常深厚的感情，逐渐形成了许多独特的爱马习俗和赛马体育运动。

蒙古族传统体育项目是直接从生产劳动中诞生的，并保持着本民族生产方式上的鲜明特色。从事畜牧业生产的蒙古族，平日喜爱的传统体育活动多离不开马匹，骑手们在生产劳动中练就了娴熟的骑术，其自然环境和生产方式孕育出赛马等许多骑术项目。

从日常的生产、生活中提炼出适合于增长体力和技能的体育锻炼项目，这就是具有蒙古族特色的传统体育项目，最典型的就是被称为"男子三项竞技"的赛马、射箭与摔跤。蒙古族男子从小就注重这三项竞技活动。"今观胡儿五六岁时，即教之以乘马……稍长则教之以蟠鞍超乘……"稍长则教之以蟠鞍超乘、射箭狩猎，学摔跤打拳，目的是锻炼武、力、勇。《夷俗记·教战》说：蒙古族"自幼至长，惟力是恃，自上至下，惟力是爱"。三项竞技运动正可以培养勇、力，激发进取意志，因此成为传统体育项目。不但在定期的集会上有此三项比赛，平时也常即兴较量，以决技艺的高低。

人类社会发展的历史表明，地理环境是社会历史发展的决定因素之一，也是促进社会生产力向前发展的决定性动力条件之一。蒙古族自然地理环境对开展蒙古族体育运动项目具有先天的优势，对蒙古族体育的产生与发展具有重大的作用。

二、内蒙古社会文化与蒙古族传统体育

古老的蒙古族在长期的自然斗争中形成了自己的生存哲学。因为当时生存环境恶劣，需要人与凶猛的野兽搏斗、与自然灾害相抗衡。正如牧民在接受体育社会学教授刘德佩老师的访

谈时所说："时间像河里的流水，机会像草原上的风，都在人们面前一闪而过，谁能在一生中遇到相同的两次机会?过了这个村就没这个店，误了今年接羔的时机，今年就不会再有同样的机会来弥补，机会对于每个人来说，都是绝对一次性的。"即便是现在，对草原牧民来说，现实生活仍然意味着无休止地与酷暑、严寒、暴风雪甚至恶狼抗争，如此，造就了蒙古族的刚烈果敢和顽强拼搏的性格，养成了善于捕捉机会，把一次机会看得比生命还重要的习惯。因此，就有了搏克比赛上的"一跤定胜负"规则，这是蒙古族独特的文化性格的体现。按照人类学家马林诺夫斯基的功能论观点来讲，解释和理解一种文化现象和风俗习惯，必须要从文化现象在社会和文化整体结构中所具有的实践价值以及满足人的各种需要的功能来解释，而不应该以一种文化标准来判断和解释另一种文化。"一跤定胜负"具有无可辩驳的特殊文化背景和现实实践价值。也正因为如此，搏克才能以旺盛的生命力传承至今。

（一）蒙古族传统体育形成的宏观背景

在我国多民族国家的历史上，蒙古族曾经建立过统一的中央王朝，在其统治的近百年时间里，各民族友好相处，团结和睦，共同创造了繁荣的多民族文化。蒙古族在漫长的历史发展进程中，为了生存和发展，在与自然界和社会环境相适应的斗争中，形成了倔强、奋斗、百折不挠的民族性格，并且经过长期的生存斗争和社会实践，有意识地作用于自然界和社会的所有的活动形式及其产品，改变外部世界，使之适应自己的需要，而且也不断改变自身的性质从而达到主体和客体在实践中的统一。蒙古族在文化的更新与发展中承接着中华民族大一统的文化积淀，为其共同缔造中华文化发挥独创的精神。蒙古族文化是蒙古族通过长期劳动经验所取得的物质活动和精神活动的成果，亦即蒙古族的体力和脑力劳动的结晶。蒙古族哲学、文学、史学、歌舞、书法、工艺品、建筑艺术、名城、古迹，是劳动人民智慧的结晶，是生活、思想、情感、风俗通过艺术形式的反映，表现了他们的审美观，并得到不断的丰富和发展，创造出了自己的独特的文化，形成优良的文化传统。经过长期的创造、吸收、改进和发展，其内容日益丰富多彩，风格日益独特，成为中华文化宝库的一颗明珠。其中独树一帜的当数丰富多彩的体育竞技和体育娱乐项目。

（二）蒙古族传统体育的发展

1. 战事纷争

人类的征服欲和崇仰心理首先是以自然界为对象的，随着生产力的发展和人类智能及自我意识的提高，战争出现了。蒙古族以自然界为对象的征服欲和崇仰心理逐渐变换为以人类自身为对象的征服欲和崇仰心理，人类征服欲典型的表现形式就是战斗和掠夺，以人类自身为对象的崇仰心理是对那些"人类征服欲的集中体现者和突出表现者"的崇仰，即对那些在生产和战争中表现最勇敢、最机智和最有力量的征服自然和战争英雄的崇仰。身体健壮、技术娴熟、智慧超人是被崇拜者的必备条件。

蒙古族是生活在马背上的民族，精骑善射，这是民族体育项目产生的历史背景。另外，在当时的历史条件下，只有具备高强的武艺，才能担负起抵抗外人侵犯的重任。于是产生了人类之间互相的搏斗和扭摔，这是人兽相搏的继续和发展，当原始体育经过二次质的飞跃之后，人类初始的摔斗动作由自发的、自然的动作转变为人为的、技术性的动作，由以自然为对象转变以自身为对象，由功利性转变为非纯功利性。人类的摔跤运动大体走了这样一条相似的、同一的道路。

蒙古族在征服自然和征服自身的过程中产生的摔跤运动是在和平时期征服欲和崇仰心理最直截了当的表现方式之一。摔跤既可起到征服敌人的作用，也可起到征服同伴的作用，即使在非功利性的娱乐活动中也如此，人们把这些战无不胜的摔跤能手作为崇仰的偶像。直到现代社会，摔跤运动虽然失去了原始的、赤裸裸的、血淋淋的占有欲，但是，仍然保留着原始社会征服欲的影子。人们仍然把技术超群的竞技优胜者视为至高无上的英雄。“射弩”是以提高搏斗技能为主旨，又能获“健体延寿之益”之功的古老的体育运动形式，在劳动中产生和积累，在战争中丰富和创新，在体育运动中继承和发扬，它产生自蒙古族，又流传于蒙古族，有普遍存在和广泛流传的群众性，有世代相传的承传性，其道德准则对该民族成员有着自我教育、自我尊重、自觉遵循、自我检验的约束性，在该民族内部，将其视为自己的重要标志，有着特殊的敏感性，有它独特的技艺特点。

2. 集会表演——那达慕

许多传统的体育活动，是在民族的节日集会时进行的，带有表演的性质。我国蒙古族一般都居住在地广人稀之地，其分布特点是大分散、小聚居，需要定期聚会。

“那达慕”蒙古语意为娱乐或游戏，是蒙古族喜庆丰收或欢度节日的盛大聚会。这种以文化形式继承和保留下来的蒙古族体育活动，是其得以不断向外传播的深厚渊源，是其体育产生的文化基础。

远在12世纪以前，蒙古族的首领们每当举行大会时，除了制定法规、任免官员、分封奖惩外，还要举行规模较大的“那达慕”活动。摔跤、射箭、赛马已经成为那达慕的主要活动内容。历史上的那达慕，起初只举行射箭、赛马或摔跤这一项比赛。公元1225年铭刻的《成吉思汗石文》说，成吉思汗征服了花剌子模，为了庆祝胜利，在布哈苏齐海的地方举行了一次盛大的那达慕大会，会上举行了射箭比赛。1260年，忽必烈做了蒙古大汗，建都开平；1267年把统治中心迁至燕京（后称大都，今北京）；1271年改蒙古国号为“元”；1279年灭南宋，统一了全国，那达慕活动也就更为广泛地开展起来。13世纪，旅行家马可·波罗曾记述过海都王的公主阿尤剌克以摔跤比赛的方式选择配偶的情景。公主身穿华丽的粉色摔跤服，摔倒了所有前来应战的英俊青年。她还勇敢地冲入“敌阵”，从马上抓回了对方的勇士。这说明元代的那达慕，身强力壮的妇女也能参加。元代曾专门设立“校署”，统一管理全国的摔跤事务。14世纪末记载蒙古族风俗习惯的文献中有：那达慕开始时，蒙古族长者举起盛满鲜奶的银碗，高声朗诵祝颂词。蒙古族有很多关于那达慕的祝颂词，如土尔扈特蒙古族射箭祝颂词中说：“你擎起了万钧弓。啊，搭上了金色利箭，引弓犹如满月，‘啪’地撒放扣环。你能射倒耸立的高山，你能射穿飞翔的大雁……”

清代，那达慕逐步变成了由官方定期召集的、有组织、有目的的游艺活动，活动的规模、形式和内容都有了更大的变化。清康熙二十五年，康熙皇帝召集克什克腾旗、巴林右旗、巴林左旗、阿鲁特旗等十个旗的王公和札萨克诺颜，在克什克腾旗黄岗梁绿波万顷的大塔拉中举行了一次重要的集会，会中进行了规模较大的那达慕活动，这就是清史上著名的“昭乌达塔拉盛会”。1771年，渥巴锡率土尔扈特蒙古族部落历时八个月，历经千辛万苦，从伏尔加河流域归来，乾隆皇帝于九月在避暑山庄举行盛大聚会。国内各民族首领，蒙古各盟、旗的王公、札萨克咸集，规模之大是空前的。避暑山庄举行了包括射箭、赛马、摔跤在内的各种文娱体育表演和围猎活动，乾隆皇帝不仅亲自参加，还厚赏了各部众。清代的蒙古族王公以苏木、旗、盟为单位，半年、一年或三年举行一次那达慕大会，对得胜者分等级给予奖赏和称号。小型比赛中的摔跤冠军，一般奖一只羊或几块砖茶。比较大型的摔跤比赛冠军奖一匹全鞍马。有众多摔跤手参加的盟级大型比赛，奖给冠军的则是戴银鼻钩、背驮珠宝绸缎九九八十一件赏物的白骆驼。在远古时期，蒙古族常以摔跤选拔英雄，蒙古贵族也常以这种形式选择女婿。因为在蒙古族的心目中，摔跤不仅是力量的展现，同时也是智力的较量。

赛马是那达慕大会上最牵动人心的节目。由于过去蒙古族大都过着逐水草而居的游牧生活，所以马成了这种生活方式中最重要的支撑，行军打仗、狩猎游牧、商贸交流甚至餐食宴饮都离不开马。正是基于这种生产生活的需要，蒙古族从小就开始练习马术，精湛的骑马驭马之术是每一个蒙古族特别是蒙古男人的生存之本。在这样的生产生活实践基础上产生了赛马活动，并逐渐演变为一种民族体育、娱乐项目。

那达慕大会另一个重要项目是射箭比赛。弓箭，蒙古族称“诺木苏木”，“诺木”为弓，“苏木”为箭。弓箭最初是蒙古族的狩猎工具，后来用于部落战争。蒙古族自古崇尚弓箭，喜好骑射，把弓箭视为男子汉的象征和标志，当作他们随身携带的武器和吉祥物。射箭后来演变为竞技体育项目。深受蒙古族人民喜爱的摔跤、赛马、射箭运动，伴随着蒙古族的生息繁衍已经在草原上流传了数百年，被誉为蒙古族“男子三艺”。素有马背民族之称的蒙古族，在摔跤、赛马、射箭运动中充分展示了他们英勇剽悍的性格，具有深厚的文化积淀。

蒙古族的体育运动，特别是集体项目，需要众人通过集体的默契配合和顽强拼搏才能取胜。因此在训练和竞赛中，这种日积月累的合作方式往往容易增进人与人之间的情感交流，促进人与人之间的交往，加深友谊。特别是当不同群体进行集体项目的比赛时，更容易激发各自的集体意识。

这些形式多样、具有鲜明的蒙古族特色的体育活动内容伴随着蒙古族社会文化的演进，沿袭至今。总之，蒙古族的传统体育都深深地打着地理环境的烙印，印刻着历史的痕迹。

第二节　民族传统体育对个体的价值

一、体育的价值

从一般意义上对体育学科进行研究，体育应包含两层含义：一是作为知识体系，是关于体育知识的理论化、系统化，它主要反映体育内在各组成要素之间的相互影响、相互作用关系以及自身运行的规律性；二是作为一种社会活动，它主要研究体育与社会的互动关系，即体育对社会的作用和社会对体育的需求等。也就是说，体育要解决好作为自然的人与作为社会的人的生存与发展，实现个人需要和社会需要两者的有机结合。从人的自然属性上来看，体育关注和研究作为自然物的人的合规律性发展的内在机制、生存环境的影响，更多关注的是人的生理健康；从人的社会属性上来看，体育关注和研究体育社会化问题，以及体育与政治、经济、科技的相互关系，并将体育纳入社会科学范畴进行讨论。事实上，体育对人的全面发展有独到的作用。体育既肯定人的个人发展，又肯定社会对人发展的社会需求，两者具有高度的统一性，注重人健康的生物观、心理观和社会观的统一。德国物理学家普朗克说过：科学是内在的整体，它被分割为单独的部分不是取决于事物的本质，而是取决于人类认识的局限性。这就从另一角度指出了人类认识能力对于认识事物的重要性，一方面，人类认识能力的非至上性，曾经使人们对体育和体育价值的认识，在很狭窄的范围内兜圈子，其结果必然偏离了真正意义上的体育，如果说，把体育只当成身体之育，或把体育只当成体育运动的观点，在一个时期内，是有道理的，是正确的话，那么，时过境迁，还一直陷入泥坑，故步自封，则就会断送原本鲜活的体育生命体；另一方面，实践具有继承、批判、反思的品格，人类认识能力的至上性特质，伴随着实践和实践手段的更新，使人认识到了过去许多未曾发现或未曾研究透彻的问题。

体育的价值是体育对主体所呈现出的意义，是体育价值观的核心。体育价值观是以体育本质、功能认识为基础所形成的对体育价值及体育价值关系的整体的、根本的看法和态度。

二、少数民族体育的价值

中华民族五千年历史创造了许多优秀的民族传统文化，民族传统体育文化就是其中的一朵奇葩，各族人民在长期的生产斗争和生活实践中经过不断的发展与提炼，形成了武术、射术、赛马、拔河、象棋等一大批民族传统体育项目，民族传统体育蕴含技艺、健身、益智于其中，寓朴素的哲理于一体，绵延五千年，演绎为中华民族的国粹。不同民族、不同区域、不同环境的传统体育活动，因其所处地域、民俗、宗教、文化等因素差异，在表现形式与方法上，各有不同特点。如南方喜舟、北方善骑就是一个外显，但在体育活动的本质特征上，都以娱乐身心、丰富生活为内在价值追求的第一需要。体育价值取向受体育观支配，而体育观的形成则与社会存在、社会文化、社会价值相关，体现出主体在认识对象、实践能力、行为取向及价值目标等方面的统一表演项目所呈现的这种趋同倾向，显然与上下五千年的传统文化思想一脉相承，而古典伦理道德的渗透，血缘宗法制度的冲击，集权制小农思想的约束，重利价值功能的作用，民俗习惯的推动，无不是传统体育观形成的潜在基础。

体育项目产生的途径有三：一是从古代军事训练的体能活动形式中演化而来，二是从传统宗教的祭祀庆典、节日礼仪习俗中脱胎而来，三是从狩猎的生活方式中发展而来。出于少数民族共同的审美心理与价值追求、生活环境自然选择的结果，这些演化、脱胎、发展而来的传统体育活动被赋予文化的含义，并与民族的思维方式和生活方式一起推动传统体育表演项目的发展并得以深化、流传，成为今天这种舞台表演形式。

体育是通过人类自身的行为，改变自身的自然属性和社会属性的一种社会活动，其本质是使主体朝着更美好的方向发展。体育与社会的需要有着千丝万缕的联系，随着时代的发展、社会的进步，人们在对体育有了全新的认识，应该对体育作出新的价值判断，必然会导致体育价值观念的调整和体育行为的变化，用发展的观点审视体育价值，是新世纪体育发展的必然要求。

三、蒙古族传统体育价值取向的多元性

（一）蒙古族体育对智力因素发展的影响

体育对个体的智力发展和创造性思维方式的形成有积极的促进作用。参加体育运动，能提高大脑皮层的反应能力，有激活脑细胞的功能，能促进大脑相应部位神经中枢的发育，改善和提高大脑皮层的工作能力，能使人思维敏捷、判断力强。蒙古族体育作为一种独特的体育文化，同样能够培养其承载者独特的智力结构。比如经常参加摔跤这种体育项目，可以较好地锻炼人的身体动觉能力，而常参加骑射的蒙古族成员在视觉—空间能力上也显出相对的优势。蒙古族传统体育对个体智力发展的促进作用主要表现在观察力、思维力两个方面。

1. 提高观察能力

观察是有目的、有计划、比较持久的知觉。观察力就是观察的能力。人的观察力是在实践活动中发展起来的，是一种综合能力，是智力活动的基础，如果一个人对外界的一切都视而不见，那么这个人的智力是不会发展的。蒙古族体育活动通过其特有的形式，形成了参与其中的

个体的独特的观察力。如蒙古族的搏克，由于其“一跤定胜负”的规则，赛手一上场就必须对对手的特征及优势、弱点有准确的判断，从而决定自己的战略，以己之长攻对方之短，不给对手留下任何机会。在比赛过程中，还要洞悉对方动作的细微变化，预测对方的行动意图，从而快速有效地调整自己的力量和战术，这就需要运动员具有敏锐精确的观察与判断、灵敏快速的肌肉反应。搏克正是通过它的这一特点，培养了蒙古族敏锐、细微的观察力和判断力，经常参加搏克运动会使人反应灵敏、头脑聪慧、体能强健。而马术运动则不同，如越障比赛中的马钻火圈，骑手要驾驭马钻过熊熊燃烧的火圈，穿越火圈时马必须在火圈的正中间，否则马或人就会被烧伤，骑手要控制好马的节奏和步伐，才能在火圈前适当的地点起跳，跳早或是跳晚都会烧到马，因此骑手要目测前方的距离，确定马起跳的时机，要保持高度的注意力，才能准确地完成动作，这样，骑手对物体的空间关系的观察能力得到了较好发展。

从霍华德·加德纳提出的多元智力学说的角度来分析，搏克主要发展的是赛手的“身体—动觉智力”，而马术运动主要发展人的“视觉—空间智力”。布鲁在投的过程中，不仅要求运动员动觉和视觉感官协同活动，具有准确的运动知觉，能准确判断布鲁的运行速度和方向，还要调整自身运动的主体运动知觉，即人脑对自身运动的反应能力。蒙古族体育源自生活，又高于生活，形象生动，能够有效地提高选手的观察能力。

2. 发展思维能力

人体在进行体育运动时，视觉、听觉、平衡觉、本体感觉等多个感官均要参与协同工作，各种感觉信息不断传入大脑皮层的各个中枢，从而活化、刺激了人脑细胞并改善人脑的供热量，有利于促进人脑思维活动的物质——脑啡肽的分泌，使人头脑清醒、思维敏捷。另外，运动有助于开发人大脑右半球的功能。研究表明，体育运动对发展儿童的直觉、空间转换、形体感知等形象思维及创造力等都具有重要作用。

怀特认为，生产工具在一定程度上决定着社会和人们的思想意识，“在其他因素保持不变时，文化发展程度与所用工具的效率成正比例变化”。蒙古族由于自然地理环境的影响，随着生产工具的逐渐分化，演化出适合于其居住环境的生产工具。马是蒙古族进行生产、游牧必不可少的工具，就形成了蒙古族地域特色的体育运动——赛马。赛马不仅可以锻炼人的肢体运动能力，而且更侧重于训练宏观的思维能力，选手除了调控自身手、眼、脚等肢体的和谐，还必须注意与自己所驾驭的马匹进行协调与配合，有效训练选手的思维力。这使蒙古族的生活方式逐渐发生了变化，思维方式也出现与其他地域民族显著的差异。

（二）蒙古族体育对非智力因素发展的影响

非智力因素，从广义上讲包括智力以外的心理因素、环境因素、生理因素以及道德品质等。狭义的非智力因素则指那些不直接参与认识过程，但对认识过程起直接制约作用的心理因素，包括动机、兴趣、情感、意志、理智、个性等等。非智力因素是后天培养起来的。非智力因素在人的发展中起着动力、定向、引导、维持、调节、强化等六大功能。如果一个人缺乏正确导向，必然会情绪低落、意志薄弱、缺乏独立性。

蒙古族传统体育项目融知识、技能、兴趣、情感、意志品质、团结协作等为一体，能够有效地促进个体非智力因素的全面发展，主要体现在意志、性格、品质、竞争参与意识等方面。

1. 培养坚强的意志

意志是人们能够自觉地确定行为目标并主动支配、调节其行为，努力克服各种困难，从而实现预定目的的心理活动。人的意志活动是以自觉目的性为特征的有目的、有意识的心理活动。

蒙古族体育能有效地培养参与者的个性意志品质，如勇敢、顽强、对挫折的承受力、对困难的忍受力等。如象棋比赛有着很强的竞争性和目的性，在比赛中，双方在明确的目的指导下，努力实现和达到自己的目标，并力争超过对方。这实际上是一种强化意志的过程，对意志力的培养有很大帮助。射箭、赛马、赛骆驼对人的独立性提出了要求，练习者或参赛者要善于独立发现训练和比赛中的问题，并解决这些问题，不易为不符合竞赛目的的主观因素所困扰，无论在什么情况下，做什么、怎么做都由自己来决定，在紧急、困难、混乱而有变化的赛场上，能沉着、镇定地争取相应有力的措施，善于发挥自己的技术水平，巧妙地渡过难关，取得和创造出良好的成绩。独立性是从事体育的人不可缺少的品质，一个缺乏独立性的人在从事体育运动时会十分吃力和柔弱，反之，一个出色的运动员，也必然是一个具有独立品质的人。

搏克比赛相对于其他竞技项目来讲，心理上更具有挑战性，它不仅是力量、智慧的较量，更重要的是意志、应变能力和承受挫折能力的考验。在其他摔跤比赛中，当出现僵持时裁判员立即让选手结束对峙，重新开始，在心理上有个缓冲机会，而搏克极少有这样的缓冲机会，有时会对峙很长时间，这时往往就变成意志和信念的较量。同时搏克比赛“有跤无类”的方式也会锻炼学生知难而上、坚韧不拔、吃苦耐劳和勇于克服困难、敢于顽强拼搏的品质；象棋、布鲁等运动有利于培养沉着冷静及良好的自控能力，敢于向未知挑战的风险意识和公平竞争的精神。

2. 培养优秀的性格和品质

性格是指一个人对现实的稳定的态度以及与之相适应的习惯化了的行为方式。性格是个性中最重要、最显著、最核心的心理特征，决定着人的活动内容和方向。体育运动的主体是人，参与者的个性可以在独立行动中充分展示。蒙古族传统体育异彩纷呈的体育项目为个体个性发展提供了适合自己的选择机会，可以塑造和发展参与者的优秀性格。

蒙古族传统体育在培养人的性格方面有巨大作用。搏克比赛的意图在于通过攻防练习来锻炼身体、陶冶情操、培养良好的性格特征，在你退我进，退则谋策、进则勇猛的比赛过程中，渗透“精力善用、自他共荣”的精神，在比赛中强调要尊重对手，做到自然而然地把发自内心的敬意表现出来。并且比赛中无论得分领先还是落后，只要比赛没有结束，就必须积极努力，争取更好的成绩。搏克、射箭、射弩等项目具有很强的对抗性和竞技性，通过这样的运动方式和规则，培养个体尊重他人，不畏任何艰难险阻，不轻易向困难和压力屈服的优秀性格。而且，搏克运动“一跤定胜负”的规则达到了公平竞争的最高境界。按照常规思维，搏克比赛应该十分珍视战机并抓住一切有利于自己的机会取胜，但真正的比赛中队员们恪守约定俗成的“不乘人之危”的原则，即比赛中如果发现对手的装束等出现意外，妨碍对手的发挥时，往往自觉暂停，给对方调整的机会，甚至帮助对方整理装束，然后再继续，表现了搏克手坦荡的胸怀和光明磊落的个性。这一点在倡导诚实守信的时代，对一个人的成长和发展是极其重要的。一次珍贵机会的获得也许就是注重信誉的结果，反过来也许就是因为不讲信誉而失去本应属于自己的良好机会。人的德性表现为在现实生活中追求优秀和卓越的精神品质，也是一个人通向成功和良善生活的重要桥梁。因此，搏克运动蕴含着丰富的德性精神，催人真正理解德性、追求德性和实践德性。

3. 培养竞争和参与意识

竞争，是人类自我推进的一种强劲手段，由对抗性导出竞争性，是体育主导因素的一个显著外延特征。体育项目在它形成之初，仅仅是一项娱乐游戏而已，当这种娱乐游戏的智能性、竞争性、功利性和程序性上升到一定高度时，它的离散程度就会自动聚焦，转变成竞技体育项目。搏克“一跤定胜负”的独特规则，告诫人们机会对每个人都只有一次，必须丢掉一切幻想和侥幸心理，充分做好前期准备，胸有成竹、头脑清醒才能更好地发挥自己的聪明才智和优势。而且，搏克的“有跤无类”说明现实中的每一次竞争都不可能是均等的，只有审时度势抓住机会顽强拼搏才能获得发展的机会。赛马、射箭、象棋也是如此，要求人们必须具有竞争意识，才可能赢得最后的胜利。

此外，搏克运动从古至今始终没有排斥过女性，女子搏克同样彰显着魅力并保持着旺盛的生命力。比如历史上忽必烈的侄子海都国王的女儿喜欢搏克，且成为很有名的女搏克手，敢于与男子对峙。这说明搏克运动在古代时期就蕴含着男女平等的思想，现在内蒙古地区那达慕大会上也有女子搏克项目的比赛。女子搏克对激发女子平等独立意识、更新传统落后的女性认知观，提高女性参与社会竞争的能力具有重要的意义，有利于女性全面认识自己，并充分发挥自己的优势。

4. 培养娱乐审美观念

从文化角度检视，蒙古族体育应该是一种艺术的形态，应该从美的层次上来理解。“运动的艺术”就是体育美学，追求体育美的源泉有两种：一是动的艺术，即试图将人引入运动之中而发现美的努力；二是情感的艺术，即试图通过比赛以唤起人的情感而获得美的努力。在动的艺术里，我们可以从评分类项目中追寻到人类展示自我的美，从不断向人体极限挑战而创造新纪录的项目中领略到令人激动的美，从对抗格斗类项目中感受到人类自我推进的美。

特定的生产生活方式，形成了蒙古族独特的尚力、崇力的审美意识。蒙古族传统体育中的搏克、骑马、射箭，在特定的时间和空间条件下，以竞争性、竞技性和对抗性为明显标志。要求运动员聚能达限、不遗余力地发挥体能，其实质是选手外在力量、速度、灵巧、柔韧之美的较量，刚劲有力、舒展大方的体育动作，瞬息万变、斗智斗勇的激烈较量，节奏明快、富于韵味的肢体语言……无不令人赏心悦目、心旷神怡，让人如醉如痴、情不自禁，给人以美的享受，受到美的熏陶，形成美感共鸣，产生参与的欲望，体验美的创造，使生活变得更加绚丽多姿。骑马、射箭、布鲁不仅有着高度的技巧性，而且还有精美的艺术性，不但使参与者感到其乐无穷，也给观众带来欢声笑语。使人获得一种美的享受，从而消除疲劳和一切烦恼及不愉快，将竞技体育的艺术价值表现得淋漓尽致。植根于蒙古族文化的体育项目追求艺术之美，促进人的身心健康和谐发展，表现出较高的娱乐审美价值，是蒙古族最富有民族特色、最能反映蒙古族个性气质的领域之一。

第六章　内蒙古竞技体育的发展

第一节　内蒙古竞技体育赛事概述

随着社会的城市化、市民（大众）文化的兴起和发展，体育同其他大规模生产、经济活动一样，在市场经济制度下，逐渐成了人类社会重要的社会实践活动。职业体育和竞技运动表演产业已经成为世界范围内日益增强的产业，体育赛事是体育产业中的核心产品。

1984年美国洛杉矶奥运会后，一向拒绝商业走进的体育界最圣洁、最崇高的奥运会也抵挡不了市场的脚步，成功的市场营销使那一届奥运会不仅首开盈利的先河，更成了体育史中值得大书笔墨的转折点。随之，各个国家和地区看到了体育运动竞赛带来的对政治、经济、文化、环境等社会结构多层面的影响。成功地举办奥运会可以在获得巨大经济利益，为举办国（城市）带来无限的商机和经济活力的同时，也展现了举办地的整体国力，为其在世界范围内塑造了良好的形象。因而，奥运会举办权也就成了各个国家争夺的目标。与此同时，各国际体育单项联合会也都开始创办自己的比赛，并致力于培育品牌赛事，不断根据市场需求调整赛事安排，吸引观众，赢得赞助商的合作，提升赛事含金量，扩大赛事的影响力，在获得经济效益的同时普及并发展其运动项目在全世界范围内的开展。

我国进入20世纪80年代后，经济体制改革逐步开始，由计划经济向市场经济转轨。在这个过程中，社会城市化不断发展，人民生活水平不断提高，对体育的需求开始增长。在这样的政治经济环境下，体育也面临着从相对封闭的，由国家计划、供给，以锦标为训练、比赛唯一目标的类似半军事化的小环境中走出来，进行体制改革，改变单一的比赛目标，谋求多元目标，顺应社会的变化和需求已经是大势所趋。80年代末，对运动项目管理体制的改革在政府与市场的双重启动下开始。1993年全国体委主任会议上制定了《关于培育体育市场，加快体育产业化进程的意见》，提出了体育事业要“面向市场、走向市场、以产业化为方向”的基本思路。同年《国家体委关于深化体育改革的意见》提出体育改革的总目标是，改变原来在计划经济体制下，单纯依赖国家和主要依靠行政手段办体育的高度集中的体育体制，建立与社会主义市场经济体制相适应，符合现代体育运动规律，国家调控，依托社会，有自我发展活力的体育体制和良性循环的运行机制，形成国家办与社会办相结合、集中与分散相结合的格局。体育产业的核心产品体育赛事，成了体育产业市场化的先锋官。

田径作为运动之母，奥运会中的大项，在世界范围内有着广泛的群众基础，田径赛事有着极高市场价值，这一点从国际田径联合会由最初每年20万美元的预算到现在每年4000万美元预算的巨大变化中可见一斑。然而随着体制改革的深化，田径赛事的举办也面临着经费严重短缺、观众人数少、社会关注度低等困境。

如何对田径赛事进行市场开发和市场营销，已成为我国田径界亟待解决的一个问题。因此，我国高级别田径赛事的市场培育、开发现状应该是给予关注的一个议题，对进一步的田径竞赛市场的研究是有现实意义的。

内蒙古自治区地处我国中西部，地域辽阔，长期以来受经济、文化的制约，体育竞技、体育文化、体育产业都比较落后，但是随着近年来内蒙古自治区在各个领域的快速发展，内蒙古自治区已经逐渐具备了举行大型体育赛事的条件。内蒙古自治区全运会每四年举办一次，是内蒙古自治区级别最高、规模最大的综合性体育盛会。目前，内蒙古自治区运动会的举办，正尝试着科学化、商业化、市场化的运作转变。其中，最具代表的田径赛事的独立运作也越来越成熟，如何更好地举办田径赛事，对全自治区的体育事业的发展都有重要意义。

内蒙古自治区运动会虽然已经进行了12届，但是对于传统的体育比赛逐渐向赛事运作的转变还处于初始阶段，过去的内蒙古自治区运动会积累了一些成功的经验，但诸多方面还存在不足，必须以实事求是的态度，不断总结经验，坚持和完善赛事中合理、有效的部门，克服在赛事过程中影响赛事发展的因素，进行合理的市场运作，进一步培育和发展内蒙古自治区运动会田径赛事的市场，建立与市场发展相适应的赛事体制，发挥赛事的多元化功能，树立社会化、全区化的赛事运作形象。

一、运动竞赛

（一）运动竞赛的概念

我国学者田麦久提出运动竞赛的定义为：“在裁判员主持下，按统一的规则要求，组织与实施的运动员个体或运动队之间的竞技较量。”

原国家体委训练竞赛综合司在《运动竞赛学》中指出：“运动竞赛是在裁判员主持下，依据统一的规则而组织实施的运动员个体或运动队之间的竞技较量。”

有观点提出：“运动竞赛是人类的一种实践活动，它是一个特殊的过程，有明确的目的性，有鲜明的竞技特征，有完善的规则和一整套竞赛办法及决定竞赛胜负的‘法律依据’。”

从以上几个对运动竞赛的定义来看，前两个实际是对运动竞赛的狭义解释，并没有把体育运动竞赛所涉及的赛场之外的因素包括进去。最后一个对运动竞赛的定义指出了运动竞赛是一个过程，有特殊性，指出了运动竞赛是人类的一种实践活动，但还未超出赛场的范围，并未能对体育运动竞赛所涉及的众多因素进行概括。由此看出，国内对体育运动竞赛的定义只是停留在对赛场意义上比赛的定义，没能反映出体育运动竞赛的现今变化特点，因此，找寻一个涵盖事物变化的精确定义十分必要。

（二）运动竞赛特征

对于运动竞赛特征，原国家体委训练竞赛综合司在《运动竞赛学》指出：运动竞赛具有目的的综合性，对抗的激烈性，影响因素的庞杂性、随机性及边界的开放性，竞赛结果的不确定性。

上述论断能够部分地指出体育运动竞赛的特征，但需要从管理学操作和商业营销等角度反映事物的本质。

二、赛事运作

通过查找文献，发现对体育赛事运作的研究不多，国外较为集中在市场商务运作上，国内对变化了的体育赛事进行针对性运作的研究几乎未见，仍集中表现为对运动竞赛的组织与管理研究上，国内对于体育运动竞赛组织管理的文献表述不多。

原国家体委训练竞赛综合司在《运动竞赛学》中对运动竞赛管理的概念进行了定义：运动竞赛管理是指运动竞赛管理者为实现竞赛系统的功能目标而对竞赛活动进行科学的计划、组织和控制的过程。运动竞赛活动是运动竞赛现象中客观存在的一种实践活动。它是随着运动竞赛的发展而逐渐从竞赛活动中分化出来的一种独立活动。运动竞赛管理是必要的。运动竞赛管理从来不是目的，而是手段，是保障运动竞赛顺利进行和不断发展的必要手段。运动竞赛管理的意义和作用：运动竞赛管理是构成运动竞赛系统的桥梁和纽带，是运动竞赛部门分工协作共同劳动的需要，是实现运动竞赛科学化的保证，是提高竞赛工作经济效益的根本方法。体育运动竞赛管理的原理是：运动竞赛活动的要素繁多，包括人、财、物和信息等各种因素。只有将这些要素有机地结合起来，才能构成运动竞赛系统，使竞赛活动顺利进行。在竞赛活动中，竞赛所需的人力、财力、物力必须通过一定的关系，采取一定的方式方法，有一定的组织机构、一定的权威领导和一定的规章制度等，再加上计划、组织、控制等职能活动，才能有效地结合并发挥作用，而这些都离不开竞赛管理。只有现代化的管理，才能保证运动竞赛系统的正常进行和进一步发展。运动竞赛管理的内容包括：运动竞赛的组织管理、干部队伍管理、计划管理、运动竞赛过程的管理、经费和物资条件的管理。运动竞赛过程管理分为竞赛前准备工作的管理、竞赛期间工作的管理和竞赛结束工作的管理三个阶段。

第二节　内蒙古运动会概述

内蒙古自治区运动会是内蒙古自治区规模最大、水平最高的综合性运动会，每四年举办一次。从某种角度上来说也代表着内蒙古自治区体育竞赛的综合水平和整体实力。

内蒙古自治区第一届运动会：1959年5月23日至29日在呼和浩特市举行。来自呼伦贝尔盟、哲里木盟、昭乌达盟、锡林郭勒盟、乌兰察布盟等11个代表团的1100名运动员参赛。共设田径、举重、中国式摔跤、中国象棋、国际象棋、射击、赛马、马球、障碍赛马、摩托车、无线电等11个项目。有57人破44项自治区纪录。

内蒙古自治区第二届运动会：1965年5月2日至15日在呼和浩特市举行。来自呼伦贝尔盟、哲里木盟、昭乌达盟、锡林郭勒盟、乌兰察布盟、巴彦淖尔盟、伊克昭盟、呼和浩特市、包头市9个代表团的995名运动员参赛。共设中国式摔跤、田径、射击、足球、篮球、乒乓球、网球7个项目，并进行马术、射箭、摩托车3个项目的表演。

内蒙古自治区第三届运动会：1974年8月11日至20日在呼和浩特市举行。来自呼和浩特市、包头市、锡林郭勒盟、乌兰察布盟、巴彦淖尔盟、伊克昭盟、内蒙古生产建设兵团、呼和浩特市铁路局8个代表团的1316名运动员参赛。设立篮球、排球、足球、乒乓球、田径、体操、射击、武术、摔跤9个项目，并进行网球、举重、射箭、航空模型、马术5个项目的表演。有3人4次打破4项全国纪录，55人1队79次打破34项自治区纪录。

内蒙古自治区第四届运动会：1978年6月30日在集宁市开幕，7月19日在内蒙古等体育馆闭幕。本届运动会分别在呼和浩特市、包头市、乌海市、锡林浩特市、临河市、集宁市等8个赛区同时举行。设立田径、体操、游泳、射击、冰球、速度滑冰、排球、篮球、乒乓球、足球、武术、摔跤等12个项目。来自呼和浩特市、包头市、乌海市、锡林郭勒盟等8个代表团的1617名运动员参赛。田径比赛有33人次打破19项自治区纪录，游泳比赛有30人次打破21项自治区纪录，射击比赛有3人4次打破3项自治区纪录。

内蒙古自治区第五届运动会：1982年7月1日在赤峰市开幕，8月8日结束。在赤峰市、包头市、锡林浩特市、呼和浩特市进行了足球、乒乓球、篮球、举重、速度赛马、中国式摔跤、摩托车等11个项目的比赛和射箭（表演比赛）、体操、武术、航空模型等4个项目的表演。13个代表团的2100名运动员参加了比赛。有9人12次打破8项全国纪录，67人29队155次刷新71项自治区纪录。

内蒙古自治区第六届运动会：1986年2月在海拉尔结束冬季速度滑冰、冰球比赛。夏季项目比赛于1986年7月18日至8月25日分别在通辽市、集宁市和包头市3个赛区进行。设立田径、射击、举重、航空模型、速度赛马、体操、国际式摔跤等19个项目。来自呼和浩特市、包头市、哲里木盟、巴彦淖尔盟、赤峰市、呼伦贝尔盟等15个代表团的2774名运动员参赛。有14人42次打破11项自治区纪录，13人17队86次打破29项自治区少年纪录。

内蒙古自治区第七届运动会：1991年1月至9月在呼和浩特市举行。来自呼和浩特市、包头市、赤峰市、乌海市、呼伦贝尔盟等12个代表团的2391名各族运动员和教练员参加了17个项目的比赛。有4人5次打破4项全国纪录，29人（队）67次刷新25项自治区少年纪录，240人（队）285次改写75项自治区少年纪录。

内蒙古自治区第八届运动会：1994年7月14日至25日在呼和浩特市举行。本届运动会分甲、乙两大类，共设19个项目（其中甲类7项：足球、篮球、排球、网球、棋类、武术、羽毛球，乙类12项：田径、国际式摔跤、柔道、射击、射箭、男女举重、拳击、乒乓球、速度滑冰、游泳、搏克）。来自呼和浩特市、包头市、阿拉善盟、巴彦淖尔盟、伊克昭盟、乌海市、赤峰市等12个代表团的2175名运动员参赛。有11人2队27次打破（超）9项自治区纪录，73人10队219次打破自治区青少年纪录。

内蒙古自治区第九届运动会：1998年8月22日至26日在包头市举行。来自全区12个盟市的代表团以及行业体协、厂矿企业、学校等252支运动队的3800多名运动员参加了18个甲类项目、11个乙类项目的比赛。有66人（队）147次超41项全区最高纪录，134人（队）280次超自治区青少年纪录，79人（队）超32项自治区儿童纪录。

内蒙古自治区第十届运动会：2002年5月至8月举行。开幕式于8月6日在包头市举行，8月10日闭幕。共有12个代表团526支代表队的5500多名运动员在全区8个盟市参加了23个甲类项目、13个乙类项目的比赛。有22人70次超28项自治区纪录，82人193次超62项自治区青少年纪录，此外还创立了一批自治区青少年纪录。

内蒙古自治区第十一届运动会：2006年9月9日在通辽市科尔沁体育馆隆重举行。全自治区的9市3盟参加了本届运动会。

内蒙古自治区第十二届运动会主办城市为乌海市，吉祥物是葡萄娃娃，会徽是“黄河巨龙，草原骏马”。全区共有12个盟市的3340多名运动员参加了23个大项412个小项的角逐，产生478枚金牌。共有8人22次破4项自治区纪录，80人122次破43项自治区青少年纪录，充分展示了内蒙古竞技体育良好的发展态势。

内蒙古自治区第十三届运动会于2014年在赤峰市举行。内蒙古自治区第十三届运动会共产生金牌1097.5枚，银牌626枚，铜牌796枚。其中，赤峰市代表队以384.5块奖牌、213.5枚金牌、5666.5的成绩获得奖牌榜、金牌榜和积分榜三榜榜首。呼和浩特市代表队、鄂尔多斯市代表队分列奖牌榜第二和第三位。在本届全区运动会上，有1人次打破全国少年纪录，8人19次打破13项内蒙古自治区最高纪录，31人41次打破31项自治区青少年最高纪录。

内蒙古自治区第十四届运动会于2018年8月18日在乌兰察布市体育场盛大开幕，主题为“相约乌兰察布，放飞运动梦想”。内蒙古自治区第十四届运动会由自治区政府主办，自治区体育局、乌兰察布市政府承办，设有盟市组、高校组和群众组3个组别。本届运动会设有55个大项、1015个小项，项目涵盖奥运项目、非奥项目、冬季项目、夏季项目等。首次增设群众组比赛。于8月26日闭幕，其间共产生3169枚奖牌。

内蒙古自治区第十五届运动会由内蒙古自治区人民政府主办，内蒙古自治区体育局、鄂尔多斯市人民政府承办，原定于2022年7月在内蒙古鄂尔多斯市举办，后改于2023年8月8日至16日在鄂尔多斯市举办。本届运动会设盟市组、群众组2个组别，共44个大项、1232个小项，参赛规模达到1.5万人次。除鄂尔多斯主赛区外，还设有呼和浩特、呼伦贝尔、乌兰察布、赤峰和吉林省长白山（滑雪项目）5个分赛区。

第三节　内蒙古发展竞技体育的意义

竞技体育是指在全面发展身体，最大限度地挖掘和发挥人（个人或群体）在体力、心理、智力等方面的潜力的基础上，以攀登运动技术高峰和创造优异运动成绩为主要目的的一种运动活动过程。竞技体育与学校体育、大众体育形成了中国体育的三大基本体育形态。同其他两种体育形态相比，竞技体育具有竞争性、排他性、规范性、公平性、公开性、功利性、不确定性、娱乐性等特征。它是助力我国实现体育强国梦的重要推动力，是我国体育事业的重要组成部分，一直以来也是国家最重视的部分。在健康中国、体育强国目标的引导下，竞技体育在社会经济获得长足发展的过程中不断发挥着越来越重要的作用。

一、竞技体育对内蒙古自治区文化建设的重要意义

就内蒙古自治区来说，竞技体育由于其鲜明的民族地区特色而被赋予了新的意义。“国家鼓励、支持优秀民族、民间、民俗传统体育项目的发掘、整理、保护、推广和创新，定期举办少数民族传统体育运动会。”新修订的体育法就传统体育项目的传承发展作出明确规定，射箭、骑马、武术、摔跤……这些源自生产生活实践的传统体育项目既是承载厚重历史的文化遗存，也是滋养精神血脉的宝贵财富。

内蒙古自治区积极发掘、整理、保护、推广和创新传统体育项目，除了能够更好地满足人民群众日益增长的体育健身需要之外，对传承和弘扬内蒙古地区优秀民族传统文化也具有重

大意义。传承发扬好传统体育项目，既要依托于不同层级的少数民族传统体育运动会，也要注重挖掘传统体育文化所蕴含的多元价值；既要让传统体育项目在全民健身事业中发挥更大作用，还要让传统体育与旅游、文化、经济社会发展融为一体。推动民族传统体育项目发扬光大，为其插上时代翅膀，必将为体育强国建设汇聚起更大力量。

二、竞技体育对内蒙古自治区经济建设的重要意义

竞技体育的发展并不是孤立的，而是与一个地区的政治、经济、文化环境紧密相连，在对地区经济、政治和社会发展的促进上发挥着日益重要的作用。竞技体育对内蒙古自治区的经济建设具有重要意义。竞技体育产业的发展和体育管理的加强，对于内蒙古自治区的经济发展具有直接的促进作用。10年来，内蒙古体育消费需求正在从传统的体育制造用品初次消费向娱乐性消费、观赏性消费转变。体育产业基本形成了以竞赛表演和健身休闲为驱动，体育场馆、体育培训、体育传媒等业态协同发展的格局。经核算，2020年内蒙古自治区体育产业总规模（总产出）为361.7亿元，增加值为164.8亿元。与2019年相比，总产出增长7.7%，增加值增长5.0%。城市体育活动逐步融入大型商场，城市周边的农业区、旅游区、户外活动区也逐渐成为体育消费热点地区。内蒙古通过发放体育消费券等多种形式，引导、激活和释放体育消费市场活力，提升和带动居民体育消费水平和消费动力。内蒙古利用国家体育旅游示范基地、精品赛事、精品线路、国家体育产业示范基地等品牌效应，以运动项目产业化发展为核心，打造车、马、冰雪、那达慕等品牌赛事，体育产业融合初见成效。

三、竞技体育对内蒙古自治区教育发展的重要意义

体育教育是将体育的内容、方式、方法融入教育体系中，使受教育者在知识、技能、精神等方面的素质得到有效的提高，这种教育的过程要符合受教育者的身体、心理等方面的规律以及教育本身的客观规律，这种体育教育的规律过程是“合规律”的过程。无论是古希腊斯巴达的军事体育还是中国古代“六艺”中的射御教育，还是现代的学校体育教育都表现人们对人体运动规律的积极探索来获得更为科学合理的体育知识体系，以进行科学的体育运动来达到求真的目的。

内蒙古自治区竞技体育的发展拓展了体教融合空间，形成了学校、体校和社会力量协力培养体育优秀人才的新局面。内蒙古以构建青少年体育公共服务体系和改革完善竞技体育后备人才培养体系为重点，优化梯队建设，夯实参与基础，号召青少年在体育锻炼中享受乐趣、增强体质、健全人格、锤炼意志。青少年体育竞赛活动是青少年体育工作的杠杆，是家长关心、社会关注的热点问题。内蒙古通过整合学校比赛、U系列比赛等各级各类青少年体育赛事，形成了以全区运动会为龙头，青少年锦标赛为主体，大中小学生联赛为基础，俱乐部联赛为补

充的多方位、全覆盖竞赛体系。近年来，“奔跑吧 少年”“蒙动宝贝·幼儿体育大会”“蒙动少年·青少年体育嘉年华”等品牌活动以及青少年体育进家庭、进学校、进公园、进社区、进商场“五进”活动广泛开展，300多万名青少年参与其中。

在体育的大系统中，竞技体育是合目的性与合规律性的有机结合。它是求真、求实基础上的求美，在竞技体育中人们挑战极限、超越自我，在胜利中体验征服之美，它在追求着一种超功利的美好理想境界。2019年发布的《体育强国建设纲要》中提出了体育产业到2035年要“更大、更活、更优，成为国民经济支柱性产业”的远景目标；而“十四五”时期则要“加快形成以健身休闲业、竞赛表演业等为龙头”的现代体育产业体系，这都为竞技体育在原有发展基础上筹划了一个新的实践方向，我们要充分理解竞技体育的重要意义，担负起神圣的历史使命。

第七章　内蒙古自治区高校体育教师TPACK能力研究

一、概述

信息技术的发展对教师的教育教学提出了新的要求和新的挑战。教育发展研究的重点领域之一就是教师信息化教学能力的研究，如何将信息化充分地运用到教学中也是需要深入探讨的问题。作为一名高校体育教师，信息化教学能力不仅仅是体育学科和信息技术的简单结合，也不是教师单纯地了解技术知识即可，要把信息技术的应用能力与体育学科内容知识相结合，把信息技术知识与学科教学知识相衔接，结合信息技术的特点创新教学模式和学习方法，提升自身的教育教学能力，真正把信息技术作为自己教育教学的新常态，为自己的体育教学设计提供新的想法、新的观念。TPACK即整合技术的学科教学知识（Technological Pedagogical and Content Knowledge，TPACK），主要指学科内容知识、教学知识和技术知识三门学科之间的关系及交叉衍生出的新的维度，强调信息技术的应用要内化于教师自身的学科知识之中，注重“技术”和“教师学科知识”的融合。新冠疫情期间，各高校广泛开展线上教学模式和混合教学模式，对于高校教师的TPACK能力提出了更高的要求，引起了对提升高校教师整合技术的学科教学知识（TPACK）应用能力的重视。对于高校体育教师来说，线上教学模式更是前所未有的挑战，因此高校体育教师使用信息技术进行教学的前提就是发展体育教师的TPACK能力。

TPACK整体结构从教师对技术和学科教学的高效融合作出解释，在此框架中包含学科内容知识（Content Knowledge，简称CK）、教学法知识（Pedagogical Knowledge，简称PK）和技术知识（Technological Knowledge，简称TK）三个核心元素，以及这三个核心元素之间复杂互动形成的四个复合性元素，分别是学科教学法知识（Pedagogical Content Knowledge，简称PCK）、整合技术的学科内容知识（Technological Content Knowledge，简称TCK）、整合技术的教学法知识（TPK）、整合技术的学科教学法知识（Technological Pedagogical and Content Knowledge，简称TPACK）。

二、国内外关于TPACK的相关研究

（一）国外研究现状

时代发展的进程中，教育也融入诸多新元素，与信息技术的结合引起了很多学者的关注，提出了相关的教师专业发展框架。2006年Koehler和Mishra把技术知识元素融入Shulman的PCK理论上，提出了TPACK框架，对整合技术的学科教学知识的框架做了详细的阐述。德国学者Wassong和Biehle综合了当时有一定关注度的CKT框架和Koehler、Mishre的TPACK框架的优点提出了CKT–TPACK框架，用三个大小不同的圆将CKT–TPACK框架分为三层，将三个领域知识结合，形成整合技术的学科教学法知识TPACK。CKT–TPACK框架中外圈三个核心元素从外向内结合成为复合元素的每一步都是有序整合的，对复合知识做了精确的划分，从而避免了知识叠加，这也是此框架最大的特点。

国外对教师TPACK能力的培养模式研究还是以TPACK理论为指导基础，为教师培养过程制定有关的培训与发展框架，或根据教师在教育经历中遇到的问题提出解决方案与改进策略，旨在有效提高教师的学科教学知识素养。

（二）国内研究现状

国内对TPACK初期的研究主要是将国外的理论模型引进并对其内涵作出深入解读。近年来，多从教师TPACK能力培养策略方面进行研究，调查教师TPACK水平现状，结合国内教师的实际情况，找到影响其TPACK水平的影响因素，在TPACK框架指导的基础上，提出合理的提升策略。与国外的研究方法相类似的是，先根据在职教师与实习教师的情况设计调查问卷，测量教师TPACK水平，再根据不同教师的教学计划、教学过程及课后的采访，对在职与实习教师的TPACK能力进行评估。

TPACK技术知识在具体学科里的实践应用是近期研究者们关注的板块之一，随着技术的不断智能化，这也将成为未来热门的研究板块。

三、研究设计

本研究以内蒙古自治区高校为例，通过对高校体育教师的TPACK水平进行测量，对其TPACK水平现状及影响因素等作出详细的研究。

（一）研究对象

本研究以内蒙古自治区高校体育教师的TPACK水平现状为研究对象，以内蒙古自治区高校（内蒙古大学、内蒙古农业大学、内蒙古师范大学、内蒙古医科大学、内蒙古工业大学、内蒙古师范大学、内蒙古财经大学、内蒙古民族大学、呼伦贝尔学院、赤峰学院这10所院校的175名高校体育教师为调查对象。对内蒙古自治区高校体育教师的TPACK水平现状进行调查，

分析其存在问题和影响因素并提出提升策略。

（二）研究思路

本研究的中心论点是：围绕内蒙古自治区对高校体育教师的现实需求，就高校体育教师的技术知识（TK）、学科内容知识（CK）、教学法知识（PK）、学科教学法知识（PCK）、整合技术的学科内容知识（TCK）、整合技术的教学法知识（TPK）、整合技术的学科教学法知识（TPACK）等方面进行分析，挖掘内蒙古自治区高校体育教师的TPACK水平现状。第一，阐述本研究的研究背景、选题依据和研究思路。第二，TPACK理论相关研究综述。第三，研究设计。确定样本选取范围，对内蒙古地区各高校的体育教师教学水平进行分析。第四，内蒙古自治区高校体育教师TPACK水平透视。基于前三部分的基础数据，对所收集数据进行统计，从技术知识（TK）、学科内容知识（CK）、教学法知识（PK）、学科教学法知识（PCK）、整合技术的学科内容知识（TCK）、整合技术的教学法知识（TPK）、整合技术的学科教学法知识（TPACK）七个维度进行详细分析，总结我国信息技术背景下内蒙古自治区高校体育教师TPACK能力应用现状。第五，总结本报告的研究结果，并阐述报告对内蒙古高校体育教师TPACK能力提升的启示。

（三）研究方法

1. 文献资料法

根据本研究的实际需要，通过在中国知网、万方数据库、维普期刊等检索关于“TPACK”“整合技术”“专业发展”等关键词，查阅收集国家体育总局、国家统计局发布的关于体育、TPACK的政策文件，查阅范围包括对TPACK的定义以及当前TPACK的研究现状，从而掌握最新的研究动态，为本次调查指明方向。另外从文献中找到体育教师TPACK与体育教师专业发展的相关量表，同时查阅我国体育教师现状和国外体育教师现状的文献，以了解当前体育教师所面临的大环境和专业发展所需具备的能力。

2. 问卷调查法

（1）问卷的设计

本研究的调查问卷是在在职教师“K–12”问卷的基础上，结合詹艺、徐鹏等人的量表，并根据内蒙古自治区高校体育教师的总体情况，考虑体育学科的特点，向有关6名专家及资深教师进行了多次咨询，修改后选出符合课题研究的内容，最终制定了《内蒙古自治区高校体育教师TPACK 能力调查问卷》。问卷由个人基本信息、教学情况调查和TPACK能力水平调查三部分组成，共43个题项，基本个人信息为单选题8题，包括性别、年龄、教龄、职称、学历、专业、计算机水平及是否参加过现代教育技术的培训。教学情况调查部分，以多选题调查在教学活动中选择哪些信息技术手段来支持教学实践。内蒙古自治区高校体育教师TPACK现状调查部分，量表选项采用李克特五点量表（1表示完全符合，2表示基本符合，3表示一般，4表示不太符合，5表示完全不符），分七个维度，共34题。

（2）预调查

初始问卷编制完成后，为检验问卷的效度、信度及可行性，笔者于2022年5月20日至2022年5月29日，选取内蒙古自治区3所高校体育教师发放问卷60份，受疫情影响，现场发放问卷只有30份，其余30份采用问卷星的方式发放。现场发放和问卷星发放回收问卷50份，回收率83%，其中无效问卷5份，有效问卷45份，有效率90%。

（3）问卷的效度检验

巴特利特球形值是反映量表是否适宜进行因子分析的指标，数值在0.05以下就表明适合进行因子分析。而KMO值越接近1，表示效度就越高；KMO值在0.8～0.7，表示效度较好；KMO值在0.7～0.6，表示效度能接受；KMO值在0.6以下，表示效度不佳。笔者利用SPSS 25.0软件对量表问卷的巴特利特球形值和KMO值进行检验，结果如表7–1所示，量表问卷的巴特利特球形值0.000，小于0.005，并且KMO值为0.793，在0.8～0.7，表明问卷效度较高，并且适合进行因子分析。

表7–1　量表整体KMO值和巴特利特球形检验值

KMO取样适切性量数	.793
巴特利特球形检验	自由度630 显著性.000

（4）问卷的信度检验

本研究通过常规的信度检验克隆巴赫α系数（Cronbach’s alpha）来检验量表问卷的信度，α系数的值越接近1时，信度就越高，α系数在1~0.8，表示信度良好；α系数在0.8~0.7，表示信度较好；α系数在0.7~0.6，表示信度一般；α系数在0.6以下，表示信度较差。笔者根据Cronbach’s α数值，分析量表问卷的可靠性，如表7–2、表7–3所示，利用SPSS 25.0统计分析总体信度及各元素信度。

表7–2　问卷整体信度系数

克隆巴赫Alpha	基于标准化项的克隆巴赫Alpha	项数
.906	.906	34

表7–3　TPACK各元素信度系数

维度	基于标准化项的克隆巴赫Alpha
TK	.737
CK	.874
PK	.707
PCK	.827
TCK	.747
TPK	.885
TPACK	.901

上表分析结果显示量表问卷总体信度系数α为0.906，七个维度各自信度系数α均在0.7以上，说明此量表内部一致性程度很好。

（5）问卷的发放与回收

问卷正式发放时间为2022年9月，向内蒙古自治区10所公立本科高校体育教师群体发放。为了得到客观有效的数据，提前与调查院校的教师进行联系协商，保证了问卷的集中发放、实时填写及回收，保证了问卷的作答质量。全部发放问卷190份，具体问卷发放与回收情况见表7–4。

表7–4　问卷发放与回收情况表

名称	发放问卷	回收问卷	回收率	有效问卷	有效率
内蒙古大学	16	16	100%	15	94%
内蒙古农业大学	18	17	94%	16	94%
内蒙古师范大学	23	21	91%	19	90%
内蒙古医科大学	15	14	93%	14	100%
内蒙古工业大学	20	20	100%	19	95%
内蒙古师范大学	18	17	94%	17	100%
内蒙古财经大学	22	21	95%	20	95%
内蒙古民族大学	16	15	93%	15	100%
呼伦贝尔学院	18	17	94%	17	100%
赤峰学院	25	25	100%	24	96%
总计	190	182	96%	175	96%

3. 数理统计法

本研究所用到的统计软件是SPSS 25.0和Excel。其中Excel主要对问卷数据进行整理和将已分析的数据做成直观的图表形式；统计软件SPSS 25.0主要对分析过程中所收集到的数据进行一般描述性统计分析、相关性分析和单因素方差分析等，对内蒙古高校体育教师的TPACK能力水平现状作出分析，对TPACK框架内各维度进行调查分析，对显著性差异因素进行分析，以及对各元素与TPACK的相关性展开验证分析。

4. 逻辑分析法

本研究以TPACK框架理论研究为逻辑中心出发，参考TPACK水平调查、TPACK发展对策等文献资料和权威专家的观点和建议进行调查，并结合内蒙古自治区高校体育教师的教学实际，综合梳理调查结果，展开研究分析，从而得到本研究的结果，发现存在问题并提出提升策略。

四、结果与分析

（一）内蒙古自治区高校体育教师基本信息及教学情况的描述性分析

本研究以内蒙古自治区高校体育教师TPACK水平为研究对象，以190名高校体育教师为调查对象，回收有效问卷175份，175个样本的基本信息如表7–5所示。

表7–5　调查对象基本信息

基本信息	分组	人数	百分比
性别	男	110	63%
	女	65	37%
年龄	20~29岁	23	13%
	30~39岁	63	36%
	40~49岁	56	32%
	50~59岁	33	19%
教龄	0~5年	25	14%
	6~10年	40	23%
	11~15年	63	36%
	16年以上	47	27%
职称	助教	19	11%
	讲师	86	49%
	副教授	47	27%
	教授	23	13%
学历	本科	65	37%
	硕士研究生及以上	110	63%
专业	体育类师范生	124	71%
	体育类非师范生	41	23%
	非体育类师范生	10	6%
	非体育类非师范生	0	0%

统计数据表明，样本中男性教师占样本总量的63%，共110人；女性教师占样本总量的37%，共65人。由此可见，高校体育男女教师还是有一定的比例差距的，这和体育学科的特殊性密不可分。年龄和教龄方面，有11~15年和16年以上教龄的老师占样本总量的63%，说明了本次取样中中年教师的比重比较大，同时也反映了高校体育教师有丰富的教学经验。从教师的职称来看，有49%的教师为讲师。从教师的学历来看，63%的教师为硕士研究生及以上学历，在一定程度上反映出教师教育程度在不断提高。从教师的专业来看，体育类师范生共123人，占总人数的70%；体育类非师范生40人，占总人数的23%；非体育类师范生共9人，占总人数的5%；非体育类非师范生共3人，占总人数的2%。

随后又从高校体育教师的计算机水平、入职后是否参加过现代教育技术的培训和体育教学过程中采用哪些信息技术手段这三个方面入手进行调查。内蒙古自治区高校体育教师计算机水平情况如图7–1所示。

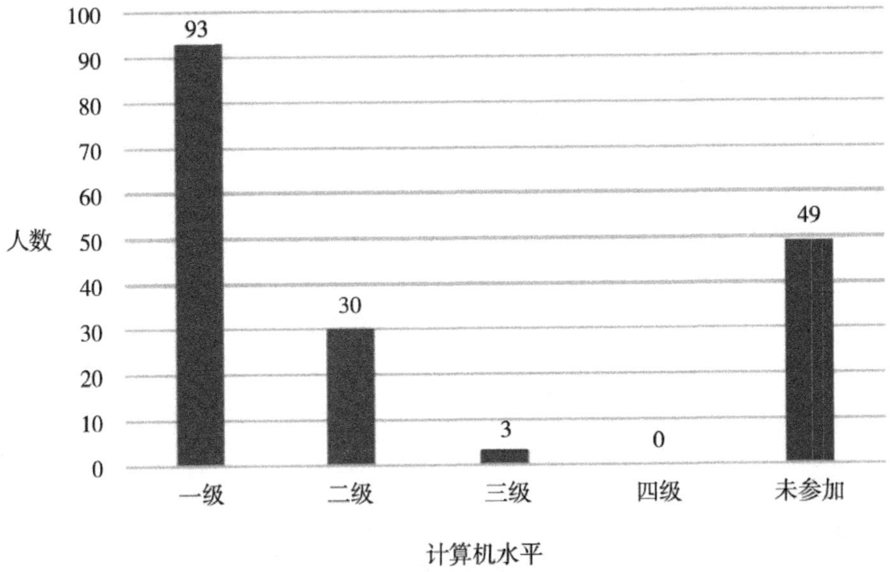

图7–1　教师计算机水平

由图7–1可知，高校体育教师计算机水平一级的有93人，占53%；计算机水平二级的有30人，占17%；计算机水平三级的有3人，占2%；未参加计算机考试的有49人，占28%。高校的科研课题和学术研究都需要有一定的计算机基础，体育教师对自身信息技术水平的提高还是很积极的，但纵观整体数据可以发现，未参加考试的教师占了近1/3，说明内蒙古自治区高校体育教师计算机整体水平一般。

现代教育技术培训主要是为了让教师更加深入地了解和掌握信息技术，从而服务于工作和教学，优化教学活动。根据调查可知，教师入职后是否参加过现代教育技术的培训如图7–2所示，样本总量的52%共91人在入职后参加了现代教育技术培训，样本总量的48%共84人未参加过现代教育技术培训。内蒙古自治区高校体育教师对现代教育技术的培训重视度较高，特别是2020年疫情期间，各高校对于线上教学都进行了相应的信息技术培训，但仍存在48%的教师没有参加过培训，未参加学校组织培训的教师大部分是当时被学校选派或有其他工作不在学校，之后也没有利用空余时间对现代教育技术知识进行学习，所以这些教师在课堂中也很少使用信息技术手段进行教学。

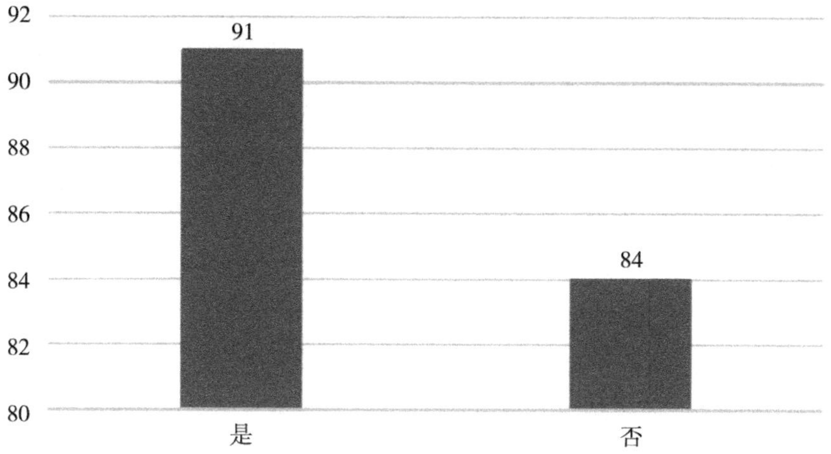

图7-2　教师参加现代教育技术培训情况

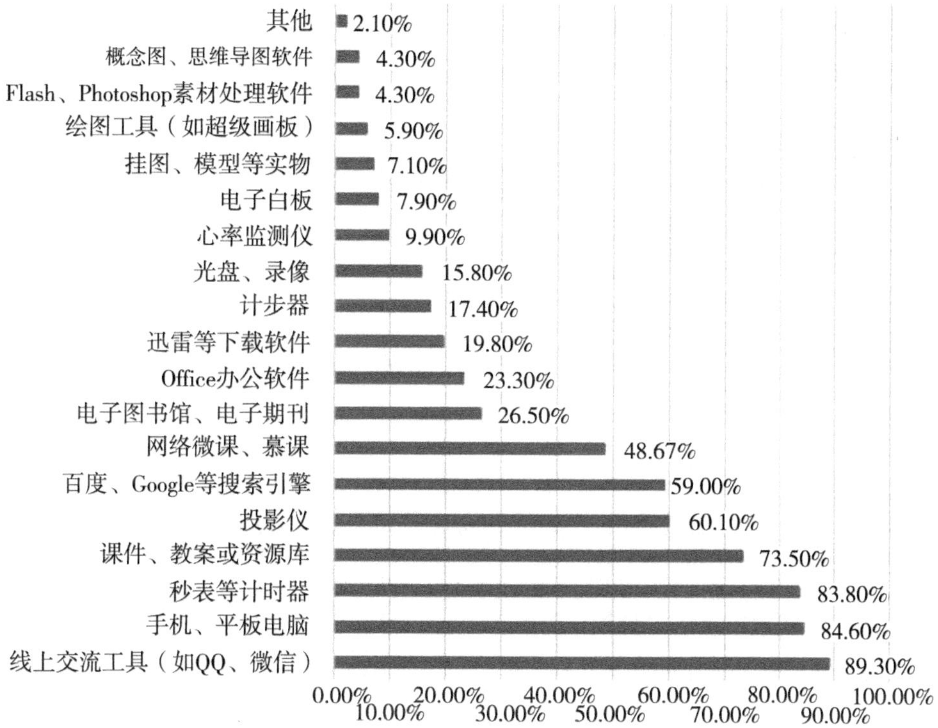

图7-3　教师课堂使用信息技术手段情况

从教师在课堂中使用信息技术手段的情况来看，高校体育教师最常使用的是线上交流工具（如QQ、微信），占89.30%；其次为手机、平板电脑，占84.60%；秒表等计时器占83.80%；课件、教案或资源库占73.50%；投影仪占60.10%；百度、Google等搜索引擎占59.00%；网络微课、慕课占48.67%；最少使用的是概念图、思维导图软件和Flash、Photoshop素材处理软件等，可以看出内蒙古自治区高校体育教师在教学过程中还是会使用常见的信息技术手段，比如疫情时期通过学习通、智慧树等教学平台发布网络教学课件、网络微课、慕课等，而视频和图片素材处理软件使用得较少，说明教师在课堂中的教学方式多以演示为主，对于视频、动画的运用较少。在网络课件的制作上年轻的教师可能会加入一些新奇的视频和动画，但一些老教师图片结合文字以PPT的形式讲解，缺乏生动性和趣味性，并且不能直观了解所学知识的科学性从而影响学习效率。从图中反映的结果来看，秒表等计时器是体育教师使用频率较高的技术工具，而计步器和心率监测仪使用得较少，表明教师针对学生身体基本素质练习较多，而对于技术动作的完成质量和运动负荷的安排则关注较少，一些教师以期末考核内容为重点，缺乏整合信息技术的意识，课堂练习方式单一，在这一过程中学生容易出现学习热情降低的情况，也阻碍了教师TPACK知识水平的提升。

（二）内蒙古自治区高校体育教师TPAKC现状研究分析

1. 内蒙古自治区高校体育教师TPACK总体水平现状分析

使用SPSS 25.0对内蒙古自治区高校体育教师TPACK及各维度知识进行一般性描述统计分析，详细情况如表7–6所示。

表7–6　TPACK及各维度知识分析数据

名称	个案数	平均值	标准差	方差
TK	175	3.9942	0.7583	0.5750
PK	175	4.2681	0.4935	0.2435
CK	175	4.2158	0.5677	0.3223
PCK	175	4.1234	0.4496	0.2021
TCK	175	3.7216	0.5987	0.3584
TPK	175	3.2116	0.6135	0.3764
TPACK	175	3.0208	0.7954	0.6327
总体	175	3.7936	0.7964	0.6343

根据表7–6，内蒙古自治区高校体育教师TPACK水平的总体均值得分为3.7936，可以看出内蒙古自治区高校体育教师TPACK在总体整合运用中处于中等水平，从得分均值的高低来看，PK、CK、PCK维度知识的得分都在4.0以上，而TK维度知识和相关的复合维度的得分都在4.0以下。在TPACK各维度知识中，体育教师的PK维度知识得分是最高的，达到4.2681分，而TPACK维度知识得分最低，只有3.0208分。从方差及标准差值分析，TK、TPK、TPACK及总体的标准差和方差值较大，说明内蒙古自治区高校体育教师在这三部分的得分情况波动较大，教师掌握的水平不一。

从表7–6得分均值数据可以看出内蒙古自治区高校体育教师的PK、CK知识的掌握比较好，在教学实际中能熟练应用。研究者分析发现这主要是因为高校教师大部分教龄都很高，有着丰富的教学经验和教学实践能力，而且也在不断加强学科内容知识，尤其高校体育项目针对性较强，一个老师就负责自己专业的一到两个运动项目，PK、CK两个维度知识掌握得最为熟练，所以得分高于其他维度，PK得分略高于CK。PK知识和CK有效融合形成了复合知识PCK，得分仅低于PK和CK，也反映了核心元素水平的高低对复合元素有一定的影响。涉及TK的复合元素知识TPK、TCK、TPACK表现一般，说明内蒙古自治区高校体育教师对技术知识的掌握和运用程度还有欠缺，教师此部分和相关的其他知识自我认同度也不高；TPACK与其他元素相比较得分是最低的，TPACK作为复合元素，由多个元素知识组合而成，导致得分偏低的原因较多。

2. 内蒙古自治区高校体育教师TPACK整体水平的显著性差异分析

笔者将从人口统计学背景因素差异性进行分析，深入研究内蒙古自治区高校体育教师TPACK整体水平。人口统计学因素一般包括人口总数、性别、年龄、健康状况、职业、婚姻、文化水平、收入等指标。本研究将以性别、学历、教龄、职称及是否参加过现代教育技术的培训作为指标，将性别和是否参加过现代教育技术的培训进行独立样本T检验，对学历、教龄、职称进行单因素方差分析，目的是找出不同人口学背景因素对内蒙古自治区高校体育教师TPACK的整体和各维度水平的影响。

（1）不同性别体育教师在TPACK整体水平上的差异性分析

研究者利用SPSS 25.0软件对被调查教师的性别进行独立样本T检验，分析性别对内蒙古自治区高校体育教师TPACK的影响，检验结果如表7–7所示。

表7–7　不同性别独立样本T检验

性别	个案数	平均值	标准差	标准误差	显著性	*P*值
男	110	3.978	0.2954	0.0354	0.293	0.989
女	65	3.749	0.2731	0.0479		

表中*P*值>0.05，接受原假设，说明不同性别的内蒙古自治区高校体育教师在TPACK整体水平上不存在差异性。

（2）体育教师是否参加过现代教育技术的培训在TPACK整体水平上的差异性分析

研究者用独立样本T检验的方法，分析被调查的教师们在入职后是否参加过现代教育技术培训与TPACK水平的关系，检验结果如表7–8所示。

表7–8　是否参加过现代教育技术培训的独立样本T检验

参加培训	个案数	平均值	标准差	标准误差	显著性	*P*值
是	91	3.965	0.2694	0.0296	0.496	0.07
否	84	3.549	0.2425	0.0236		

表中*P*值>0.05，接受原假设，说明是否参加过培训在TPACK整体水平上不存在显著差

异性。

（3）不同学历体育教师在TPACK整体水平上的差异性分析

研究者使用方差齐性检验检验不同学历体育教师是否满足方差检验条件，检验结果如表7–9所示。

表7–9　方差齐性检验

莱文统计	自由度1	自由度2	显著性
0.246	3	179	0.824

由表7–9可知，显著性水平大于0.05，满足方差检验条件，可以进行方差分析，分析结果如表7–10所示。

表7–10　不同学历样本的单因素方差分析

	平方和	自由度	均方	*F*	显著性
组间	0.509	3	0.252	5.734	0.006
组内	5.324	172	0.041		
总计	5.833	175			

从表7–10可以看出，显著性水平小于0.05，拒接原假设，即不同学历的高校体育教师在TPACK 整体水平上有差异，需进一步进行检验，从而知道在哪一个或哪几个学历上具有显著性，此次调查对象中，本科有65人，硕士研究生及以上有110人，检验结果如表7–11所示。

表7–11　不同学历样本均值的多重比较分析

最高学历	平均值差值	平均值得分	显著性
本科	–0.1942*	3.6219	0.003
硕士研究生及以上	0.1942*	3.9628	0.003

由表7–11可知，内蒙古自治区高校体育教师学历为本科和硕士研究生及以上在TPACK整体水平中存在差异，显著性水平小于0.05。硕士研究生及以上学历的教师所学的知识比本科教师层次更高，研究的理论知识更为宽广。但本科是硕士研究生及以上教育的基础，本科学历的教师TPACK整体水平均值得分为3.6219，硕士研究生及以上学历的教师TPACK整体均值得分为3.9628，这反映出学历对TPACK的正向影响，学历提升，教师TPACK整体水平也会有明显提升，硕士研究生及以上学历的体育教师在研究生期间掌握了更细化的专业知识，包括运动技能强化、教材教法学习及技术知识应用，并且能在科研活动中不断提升。而本科学历的教师入职的时间较早，大部分教师采用固定的教学模式且在教学工作完成之余提升自身知识的时间较少，导致与硕士研究生及以上学历教师之间存在差异。

（4）不同教龄体育教师在TPACK整体水平上的差异性分析

由表7–5可知，此次被调查的高校体育教师中，教龄为0～5年的有25人；教龄为6～10年的有40人；教龄为11～15年的有63人；教龄在16年以上的有47人。研究者采用单因素方差分析法，检验结果如表7–12所示。

表7–12　不同教龄样本的单因素方差分析

	平方和	自由度	均方	F	显著值
组间	1.189	3	0.294	7.647	0.001
组内	5.698	249	0.041		
总计	6.887	252			

由表7–12可知，显著性水平小于0.05，因此，内蒙古自治区不同教龄的高校体育教师在TPACK 整体水平上具有差异性，详细影响通过使用最小显著差异法进行检验，结果如表7–13所示。

表7–13　不同教龄样本均值的多重比较分析

教龄		平均值差值	平均值得分	显著性	95%置信区间下限上限	
0~5年	6~10年	−0.0146	3.0961	0.641	−0.1534	0.1045
	11~15年	0.0547		0.751	−0.1754	0.0764
	16年以上	0.2452*		0.000**	0.2087	0.1700
6~10年	0~5年	0.0146	3.2249	0.641	−0.1098	0.3165
	11~15年	0.0196		0.343	−0.1194	0.1462
	16年以上	0.3021*		0.000**	0.0000**	0.1362
11~15年	0~5年	−0.0547	3.3365	0.751	−0.2536	0.2563
	6~10年	−0.0196		0.343	−0.2031	0.3651
	16年以上	0.3762*		0.000**	0.0264	0.2780
16年以上	0~5年	−0.2452*	3.0651	0.027*	−0.3162	−0.1325
	6~10年	−0.3762*		0.000**	−0.3519	−0.1954
	11~15年	−0.2951*		0.000**	−0.3647	−0.0364

从表7–13可以看出，四个教龄段区间当中，16年以上教龄的教师与其他三个区间的教师在TPACK整体知识水平上存在显著差异，显著性水平均小于0.05。研究者对四个区间的教师TPACK均值进行分析后发现，不同教龄区间的教师在TPACK整体水平得分上有差异，在内蒙古自治区高校中，0~5年教龄的体育教师刚参加工作，虽然在校期间系统地学习过体育专业知识和教学理论知识，但是教学实践经验缺乏，在教学摸索阶段再融入新颖的信息技术知识，容易出现课堂呈现效果不佳的情况。而16年以上教龄的体育教师得分低的原因可能是因为这些教师参加工作时，信息技术还处于兴起阶段，设备比较稀缺，再加上与体育学科的结合较少，教师使用信息技术教授学科知识的机会也不多，所以TPACK整体得分偏低。

（5）不同职称体育教师在TPACK整体水平上的差异性分析

由表7–5可知，本研究中被调查的教师助教职称的有19人，讲师职称的有86人，副教授职称的有47人，教授职称的有23人。经过方差齐性检验后，结果满足方差齐性，可进行方差分析，结果如表7–14所示。

表7–14　不同职称样本均值的方差分析

	平方和	自由度	均方	*F*	显著性
组间	0.263	3	0.0951	0.685	0.962
组内	9.362	172	0.1236		
总计	9.625	175			

根据表7–14分析得出，内蒙古自治区高校不同职称体育教师的显著性水平大于0.05，接受原假设，在TPACK整体水平上不存在差异性。

3. 内蒙古自治区高校体育教师TPACK各维度元素知识现状分析

（1）对TK（技术知识）的分析

技术知识是TPACK框架中的重要组成部分，对信息技术知识的掌握及应用直接影响由TK元素组成的复合元素TPK、TCK、TPACK的整体发展，根据被调查教师在问卷中TK部分的得分，整理出各题目的均值，如表7–15所示。

表7–15　教师TK维度每题平均得分

题目	得分
1. 我能够熟练使用计算机、投影仪、电子白板等常用的多媒体教学设备。	4.01
2. 我能够熟练使用微信、QQ、电子邮箱等工具进行网上交流。	4.08
3. 我能够熟练使用与体育教学相关的电子器材（如心率仪、计步器、计时器等）。	4.14
4. 我能够熟练使用与体育学科相关的软件（如运动会编排管理软件、体育教学管理软件）。	3.21
5. 我经常接触各种信息技术（如使用网络制作与上传视频等）。	3.16

问卷中关于TK元素知识部分共有5道题，分别是1~5题，由上表可知，内蒙古自治区高校体育教师在技术知识TK方面得分中等偏下，根据得分均值从高到低为3题>2题>1题>4题>5题。除了第4题和第5题以外，教师选项选择主要集中在“完全符合”和“比较符合”，可见高校体育教师掌握一定的信息技术及应用能力，但根据方差来看，内部存在波动现象。

第1题和第2题主要考查教师应用常见信息设备的熟练度。其中问卷中第1题教师平均得分为4.01，第2题教师平均得分为4.08，得分都比较高，说明在信息时代背景下，高校体育教师对于基本信息技术的学习和运用较好，能够熟练掌握如Word、PPT、视频播放器、QQ和电子邮箱等基本信息技术软件的操作。第3题和第4题主要考查教师对于专业独有的体育信息软件的掌握情况，第3题教师平均得分为4.14，第4题教师平均得分为3.21，可以看出高校教师还是多运用比如计时器等电子器材，但对于新颖的教学软件使用较少。第5题教师平均得分为3.16，反映了教师缺乏使用技术知识对体育学科专业知识进行学习与研究的主动性，这也成为阻碍教师提升技术知识的首要问题。

（2）对CK（学科内容知识）的分析

作为教师TPACK框架的核心元素之一，学科内容知识是具体学科教师进行教学的基础，体育教师对于CK的掌握情况对体育课堂的质量有直接影响。本研究中，学科内容知识主要考查了体育教师对专业知识的掌握和应用，共6题。教师每一题平均得分如表7-16所示。

表7-16　教师CK维度每题平均得分

题目	得分
6. 我能够运用多种方法与途径来提高自己对体育专业学科知识的理解。	4.17
7. 我能够用体育学科所包含的理论知识解释一些具体的体育现象。	4.01
8. 我能够在教学过程中将所学的体育学科知识恰当地渗入其中。	4.21
9. 我能够利用体育学科专业知识去处理体育课堂中出现的一些问题。	4.22
10. 我能够针对某一体育现象利用专业知识提出自己独到的认识和看法。	4.29
11. 我能够针对教学安排制订课程实施计划。	4.19

根据表7-16可以看出，高校体育教师对学科内容知识的掌握整体水平较高，每一题项的分值都在4.00以上，说明体育教师对于自身专业知识的掌握较熟练，尤其是体育学科知识的学习能力方面，教师们增强专业知识的途径较多，并能依据教学需要，解决课堂中出现的问题。但是第7题平均得分低于其余题目，得分均值为4.01。研究者通过调查了解到，在实际教学工作中，一名高校体育教师会根据自身的专项技能负责1~2个运动项目，而其他项目的掌握就有待提高，这是因为体育学科具有针对性，教师在校学习专业知识时虽然涉及众多项目，但是也只是学习了基本层面的知识，针对和深入的还是以自身所选择的专项为主。另外教师对其他运动项目的学习热情不高，也是导致教师第7题的平均得分较低的原因。

（3）对PK（教学法知识）的分析

表7-17　教师PK维度每题得分均值

题目	得分
12. 我能够在课堂中指导学生使用多种练习方法掌握动作。	4.34
13. 我能够根据学生特点指导学生在学习中采用适当的学习方案。	4.23
14. 我能够在教学过程中设置恰当的教学目标。	4.08
15. 我能够基于学生目前的知识理解状况来调整自己的教学方法。	4.08
16. 我能够组织体育课堂教学管理。	4.19
17. 我能够运用多种评价方式评价学生的学习（如运动技能完成质量、行为观察、课堂打分等）。	4.17

从表7-17可以看出，相比较技术知识TK、学科内容知识CK，内蒙古自治区高校体育教师

教学法知识PK的整体得分较高，说明体育教师在日常教学活动中能熟练运用大部分常规教学方法。教学法知识在学校体育中的展现通常分为五大类，依次为以语言传递信息为主的教学法（讲解法、问答法、讨论法）、以直接感知为主的方法（示范法、演示法）、以身体练习为主的体育教学方法（领会教学法、循环练习法）、以情景与竞赛活动为主的练习方法（游戏法、小组竞赛法）、以探究活动为主的体育教学方法（发现法、小群体教学法）。其中12题和13题主要考查教师能否根据教学实际情况和学生需求选择适宜的教学方法，12题的得分均值最高，为4.34；13题的得分均值为4.23。可见教师在多种教学方法掌握方面表现较好，而且能灵活调整，说明教师的教学法知识比较完备。

（4）对PCK（学科教学法知识）的分析

学科教学法知识掌握得好与坏直接影响着教师的教学能力，它是教师能否有效融合PK与CK元素的体现，要求教师面对不同教学内容时采用适宜的教学法与教学策略完成教学活动，此维度共5题，具体的得分情况如表7–18所示。

表7–18　教师PCK维度每题得分均值

题目	得分
18. 我能够选择合适的教学方法引导学生对专业知识进行有效学习。	4.21
19. 我掌握一些常用的教学方法并能熟练应用在教学过程中。	4.23
20. 我能够根据课程内容制定合适的教学目标。	3.81
21. 我能够通过改变教学策略或表达方式帮助学生清除对知识的错误理解。	4.07
22. 我能够用不同的教学方法来帮助学生理解体育技术动作的掌握应用。	4.01

从表7–18中可以看出，内蒙古自治区高校体育教师PCK知识掌握呈现较高水平，18题、19题、21题、22题都达到4.00分以上。20题得分最低，为3.81。20题考查内蒙古自治区高校体育教师能否根据特定的课程内容制定合适的教学目标，表中数据反映出高校体育教师在教学目标设置上表现较差，有些教师对CK维度有较深的理解，在PK维度上也表现出良好水平，但是两者在教学实践中的协调较差，教学重点过多地放在课堂内容上，对于教学目标的确立考虑较少。教师在依照课程标准选择教学内容的同时，还要将教学对象的实际情况结合其中，制定合适的教学目标。综上，教师在体育学科内容知识和教学知识的融合上仍需加强。

18题和19题考查教师对学科知识掌握的熟练程度和教学方法应用的能力水平，教师得分均值为4.21和4.23。教师在教授体育技能和理论知识时，不但要对特定内容的教学重难点有清晰的把握，还要选择适宜有效的教学方法完成教学活动。高校体育教师这两个题项表现较高水平的原因是我国对职前教师和在职教师的培养方式比较系统完善，让教师掌握了坚实的学科专业知识及教学法知识，使之在教学实践中有效整合，并且在教育工作中不断巩固和总结。

21题、22题是考查教师对学生学情的分析能力，包括学生在学习技能前可能出现的概念错误，准确把握动作的重难点等方面，教师得分均值为4.07和4.01。多数教师选择了“比较符合”这一选项，表明教师对这一知识的掌握较自信，准确把握体育课堂中技术教学的重难点与易错点是体育教师必须要具备的能力，说明教师对于学科教学知识有足够的重视。

（5）对TCK（整合技术的学科内容知识）的分析

整合技术的学科内容知识是核心元素CK和TK整合而形成的复合元素，是一种教师将技术知识与学科内容知识有效整合的元素知识。此维度调查题目共有4题，每题的平均得分如表7–19所示。

表7–19　教师TCK维度每题得分均值

题目	得分
23. 我能够针对教学知识点或知识单元的特点选择合适的信息技术支持课堂活动。	3.36
24. 我能够利用信息技术描述体育学科中的重难点，帮助学生更好地理解。	3.44
25. 我能够按照教学需要，通过信息网络对所需资源搜集下载。	4.19
26. 我能够掌握课程中常用的特定软件（如健美操需要用到的音乐编辑软件）。	3.49

从表7–19可知体育教师在整合技术的学科内容知识维度呈现的水平一般，题项最高得分为4.19，题项最低得分为3.36，在这中间各题分值波动较大。25题为此维度最高得分题项，研究者统计五个选项的占比发现，有81%的教师选择了该题选项中的“比较符合”，相比其他四个选项占比较高，表明多数内蒙古自治区高校体育教师对于通过信息技术获取体育知识或运动技能的能力掌握较好。

23题的得分均值为3.36。24题的得分均值为3.44。此二题考查高校体育教师在面对特定的学科专业知识时，运用适宜的信息技术来呈现教学内容，满足教学需要的水平。大多数教师选择了“一般”和“不太符合”两个选项，反映出教师在展现学科内容的信息技术的选择上还有待提高，而且日常教学运用技术的频率较低。研究者通过访谈内蒙古师范大学王老师了解到，阻碍高校体育教师在学科专业知识与技术整合方面提高的原因主要有以下几个方面：第一，教师们觉得有关专业学科的App、PC软件和设施的研发较少，并且有些专业设备对使用者有较高要求，不适于学生的日常练习。第二，使用环境的限制致使教师在教学中利用技术的频率低。体育教学活动需要教师在开阔场地开展，而部分信息技术器材体积较大，不方便管理，所以较少在日常教学中运用。同时王老师也反映，对于教授中的重难点及动作练习过程中容易出现的错误，教师利用语言讲解往往能更快地给学生反馈。器材设备的缺乏虽然是影响教师推进教育信息化的原因之一，但如果教师能从身边现有的技术条件出发，结合课程目标的需求运用手机、iPad、VR等多种形式进行教学，就能让教学过程变得更加丰富，提升学生学习的积极性，营造更加有活力的教学氛围，教师的教学质量就会得到很好的提升。

26题得分为3.49。教师在这方面的运用少的原因是体育专业学科方面的App和PC软件较少，且学校在设备方面缺乏。

（6）对TPK（整合技术的教学法知识）的分析

整合技术的教学法知识作为复合元素，需要TK和PK两个核心元素的有效融合，教师在教学法知识领域要有清晰的认知，清楚调整教学方法时选择哪种技术来支撑更为适宜，此维度调查题目共有4题，每题的得分均值如表7–20所示。

表7–20 教师TPK维度每题得分均值

题目	得分
27. 我能够指导学生通过运用信息技术来加深对某一项体育技能的了解。	3.02
28. 我能够选择合适的信息技术用于提高学生的课堂学习效率。	3.19
29. 我能够在不同的教学活动中灵活使用信息技术。	3.14
30. 我能够指导学生利用信息技术去搜集更多的学习信息。	3.34

从表7–20所示可以看出内蒙古自治区高校体育教师TPK元素知识掌握程度偏低，得分均值都在3.50以下，把技术与相应教学法进行整合的能力还需加强。

27题、28题、29题从高校体育教师对信息技术与教学法知识的整合、调整及教学实践中的使用情况三个方面进行考查，教师得分依次为3.02、3.19、3.14，反映出在关于如何在体育课堂中使用技术的问题上，教师水平偏低。原因，一方面是技术设备的前期筹备过程烦琐，教师出于教学时间安排，觉得信息技术在体育教学中不是必要手段，不运用也能完成教学工作，选择更偏向于常规教学方法。另一方面是大部分教师对于体育教学的认知还是以身体练习和技能学习为主，在理论部分才会运用信息技术，但理论课的安排太少，甚至没有。研究者认为，首先，教师要从观念上进行改变，了解新技术运用于教学方法中为固有的教学方法带来的改变，勇于尝试，敢于创新。其次，主动提升技术知识水平，根据技术知识的优劣性对教学方法进行适当的调整。这些都是体育教师在面对信息化教学改革时应该考虑的问题。调查发现高校体育教师对于技术在教学实际中的运用还有所欠缺，因此27题、28题、29题这三道题教师得分不高。

30题得分为3.34，较其他几题得分稍高，这与TCK维度分析中，大多数教师对于通过信息技术获取体育知识或运动技能的能力掌握较好相印证。

本部分内蒙古自治区高校体育教师所表现的水平较低，主要是因为关于教学的信息技术设备缺乏，教师缺乏将技术与教学方法整合的经验，教师将信息技术与教学方法进行整合的能力较差。

（7）对TPACK（整合技术的学科教学法知识）的分析

整合技术的学科教学法知识是技术知识、教学法知识和学科内容知识三个核心元素整合在一起的复合知识，是现代教师必需的教学专业知识之一。针对内蒙古自治区高校体育教师整合技术的学科教学法知识维度有4个题目，每题的得分均值如表7–21所示。

表7–21　教师TPACK维度每题得分均值

题目	得分
31. 我能在教学过程中选择一项信息技术来深化或扩展课堂教学内容。	3.01
32. 我能依据教学知识点和教学方法选择合适的信息技术支持我的教学活动。	3.13
33. 我能够恰当地将技术知识、学科知识和教学方法整合到课堂教学过程中。	2.82
34. 我能够利用信息技术的优越性来调整教学方法和教学内容。	3.13

如表7–21所示，TPACK元素知识平均得分是所有元素知识中最低的，呈现较低水平。平均得分从高到低分别为34题=32题>31题>33题。33题教师的得分均值为2.82分，33题主要从高校体育教师在教学实践中将TPACK框架内三个核心元素有效融合的水平高低方面进行调查，本题教师得分均值为2.82分，“不太符合”是大部分教师选择的选项，研究者通过调查得知，年龄大的老教师教龄也相对长一些，虽然掌握了丰富的体育学科知识与教学法知识，但在面对新颖的信息技术学习时就显得力不从心，在教学中使用技术就相对较少，而年轻教师较容易接受新技术，可学科内容知识与教学法知识还在积累阶段，并且缺乏相关知识的整合经验，在融入技术知识时比较困难。

34题教师的得分均值为3.13分，本题调查高校体育教师在面对不同技术对教学活动的利弊时转换教学内容和方法的能力，教师得分呈现一般水平。从教师个人技术能力来看，技术知识处于偏低水平，不能有效区分技术的利弊。从学科特性来看，体育课程安排大多为室外教学，与一些设备的使用环境冲突，使用和操作都不太方便，大部分教师的技术支撑仍是PPT，掌握的技术形式较少。

31题和32题教师平均得分为3.01分和3.13分，这两题考查体育教师能否在面对不同教学法或教学目的时灵活调整现有的技术以达到恰当的课堂呈现。研究者调查统计发现，高校体育教师在日常教学中会用到的信息技术主要是PPT，通常用于讲解竞赛规则和与体育相关的理论知识，但教学内容为运动技能时，一些教师觉得通过PPT讲解学生直观感受较差，动作内容不易理解，不如亲自示范呈现得清楚简单。故而，在教学实践中很少将教学法与信息技术有效融合，导致教师在教学过程中不能在教学方法中整合恰当的信息技术。

4. 内蒙古自治区高校体育教师TPACK各维度元素知识的显著性差异分析

根据上文分析结论得知，内蒙古自治区高校体育教师TPACK总体知识掌握水平偏低，而在单一元素知识的掌握上水平不一，假如只从高校体育教师TPACK总体掌握情况进行分析并不科学和全面，不能客观反映各元素知识掌握情况，所以以下的分析内容将从内蒙古自治区高校体育教师在TPACK各元素知识的差异性上展开。研究者将从不同性别、不同学历、不同教龄、不同职称、不同专业、是否参加过现代教育技术培训这六个方面对体育教师TK、CK、PK、PCK、TCK、TPK、TPACK这七个维度进行分析，运用SPSS 25.0对性别和是否参加过现代教育技术培训进行独立样本T检验，对学历、教龄、职称、专业进行单因素方差分析，出现显著性差异的变量，将进一步采用LSD法进行检验，从而深入分析教师在各维度元素知识上的差异性。

（1）不同性别体育教师在TPACK各维度元素知识的差异性分析

针对性别差异与体育教师在TPACK各维度元素知识上的影响研究，研究者将各元素数据进行分析，使用SPSS 25.0对数据进行独立样本T检验，检验结果如表7–22所示。

表7–22　不同性别体育教师在TPACK各维度元素知识的差异性分析

维度	性别	每题平均值	标准差	标准误差平均值	Sig.	*P*
TK	男	3.982	0.486	0.065	0.584	0.084
	女	3.971	0.514	0.032		
CK	男	4.238	0.304	0.074	0.848	0.397
	女	4.104	0.357	0.081		
PK	男	4.261	0.279	0.062	0.096	0.291
	女	4.216	0.406	0.054		
PCK	男	4.185	0.325	0.069	0.964	0.494
	女	4.159	0.356	0.061		
TCK	男	3.891	0.427	0.058	0.631	0.144
	女	3.794	0.429	0.063		
TPK	男	3.372	0.441	0.067	0.754	0.863
	女	3.284	0.485	0.083		
TPACK	男	3.185	0.431	0.042	0.246	0.176
	女	3.142	0.687	0.069		

从表7–22中我们可以看出七个维度的Sig.值均大于0.05，表明方差相等，*P*值也均大于0.05，故接受原假设，认为不同性别体育教师在各维度水平上没有差异性。

（2）高校体育教师是否参加过现代教育技术培训在TPACK各维度元素知识的差异性分析

研究者对高校体育教师是否参加过现代教育技术培训在各维度上的差异进行分析，检验方法为独立样本T检验，检验结果如表7–23所示。

表7-23　体育教师是否参加过现代教育技术培训在TPACK各维度元素知识的差异性分析

维度	参加培训情况	每题平均值	标准差	标准误差平均值	Sig.	*P*
TK	是	3.761	1.845	0.235	0.425	0.697
	否	3.682	1.634	0.354		
CK	是	4.017	0.836	0.451	0.264	0.417
	否	3.974	0.964	0.326		
PK	是	3.956	1.782	0.378	0.854	0.853
	否	3.978	1.456	0.364		
PCK	是	4.021	1.936	0.371	0.089	0.067
	否	3.956	2.124	0.246		
TCK	是	3.958	2.658	0.465	0.310	0.016*
	否	3.643	2.135	0.365		
TPK	是	3.472	2.643	0.298	0.531	0.049*
	否	3.253	1.946	0.164		
TPACK	是	3.212	2.462	0.451	0.541	0.457*
	否	3.164	2.364	0.385		

从表7-23可以看出，七个维度中TCK和TPK两个维度*P*值<0.05，拒绝原假设，说明高校体育教师是否参加过现代教育技术培训在TCK、TPK元素知识掌握上有显著差异，经过培训的教师得分表现优于没有参加培训的教师，可以得知培训对于高校体育教师的TCK、TPK元素知识的掌握有一定的提高作用。

（3）不同学历体育教师在TPACK各维度元素知识的差异性分析

表7-24　不同学历体育教师在TPACK各维度元素知识的差异性分析

维度	学历	平均值	每题平均值	标准差	标准误差	Sig.	*P*
TK	本科	17.346	3.469	0.054	0.633	0.764	0.196
	硕士研究生及以上	18.957	3.791	0.691	0.052		
CK	本科	22.344	3.724	0.000	0.000	0.295	0.000**
	硕士研究生及以上	24.828	4.138	0.496	0.164		
PK	本科	24.137	4.023	0.494	0.051	0.333	0.459
	硕士研究生及以上	23.147	3.857	0.505	0.100		
PCK	本科	19.641	3.928	0.635	0.061	0.416	0.194
	硕士研究生及以上	20.305	4.061	0.462	0.032		
TCK	本科	14.952	3.738	0.325	0.231	0.073	0.862
	硕士研究生及以上	15.972	3.993	0.678	0.056		
TPK	本科	15.096	3.774	0.465	0.084	0.241	0.462
	硕士研究生及以上	15.852	3.963	0.481	0.049		
TPACK	本科	11.064	2.766	0.000	0.000	0.093	0.234
	硕士研究生及以上	13.508	3.377	0.412	0.057		

如表7-24所示，各维度中TK、PK、PCK、TCK、TPK、TPACK的P值均大于0.05，则接受原假设，而CK维度P值<0.05，则拒绝原假设，笔者将CK的数据进行进一步LSD检验，结果表明，硕士研究生及以上学历的体育教师得分要高于本科学历的体育教师，其原因是不同学历层次所接受的教育内容不同，硕士研究生及以上学历相比本科的专业内容知识学术研究性更强。在其他元素知识的得分方面，硕士研究生及以上学历的教师也略高于本科学历的教师，整体数据分析发现学历越高，元素知识得分就越高，但不存在显著差异，这是因为硕士研究生及以上学历的教师参加工作时间较短，虽然有扎实的学科专业知识，可缺乏在教学实际中整合相关知识的经验，故呈现的差异性并不明显。

（4）不同教龄体育教师在TPACK各维度元素知识的差异性分析

表7-25　不同教龄体育教师在TPACK各维度元素知识的差异性分析

维度	教龄	平均值	每题平均值	标准差	标准误差	Sig.	P
TK	0~5年	18.362	3.665	1.394	0.254	0.431	0.501
	6~10年	20.362	4.079	1.967	0.698		
	11~15年	20.685	4.137	1.563	0.563		
	16年以上	19.021	3.844	2.366	0.431		
CK	0~5年	21.695	4.339	1.245	0.251	0.496	0.035*
	6~10年	23.249	4.649	1.365	0.154		
	11~15年	22.721	4.554	1.865	0.462		
	16年以上	23.961	4.792	1.962	0.361		
PK	0~5年	22.641	4.528	1.987	0.496	0.524	0.398
	6~10年	22.747	4.549	2.165	0.561		
	11~15年	23.651	4.730	2.459	0.578		
	16年以上	23.412	4.682	2.395	0.324		
PCK	0~5年	20.451	4.092	2.459	0.491	0.851	0.624
	6~10年	20.691	4.138	2.264	0.516		
	11~15年	21.415	4.283	2.164	0.577		
	16年以上	21.623	4.324	2.364	0.296		
TCK	0~5年	15.096	3.774	3.591	0.561	0.321	0.024*
	6~10年	15.984	3.996	2.451	0.542		
	11~15年	15.624	3.906	2.614	0.694		
	16年以上	14.904	3.726	2.219	0.463		
TPK	0~5年	12.524	3.131	1.762	0.341	0.526	0.521
	6~10年	13.084	3.271	1.801	0.395		
	11~15年	13.968	3.492	1.524	0.241		
	16年以上	13.788	3.447	1.659	0.369		
TPACK	0~5年	12.644	3.161	2.123	0.247	0.482	0.436
	6~10年	12.872	3.218	2.214	0.489		
	11~15年	12.468	3.117	2.462	0.524		
	16年以上	12.748	3.187	2.321	0.491		

由表7–25可知，在TK、PK、PCK、TPK、TPACK这几个维度中P值均大于0.05，故接受原假设，认为教龄在这几个维度中没有差异性，其中CK维度$P<0.05$，TCK维度$P<0.05$，体育教师在学科内容知识和整合技术的学科内容知识上存在显著差异，研究者对于其差异性进行进一步的LSD检验，检验结果显示，在CK维度中体育教师教龄在0～5年的得分低于16年以上教龄教师的得分，这是由于年轻教师刚参加工作，对CK元素知识的掌握程度还处于扩充时期，反观教龄长的体育教师，对于CK元素知识有一定的积累，并能通过教学和工作不断巩固，因此得分高于教龄短的体育教师。在TCK维度中，体育教师教龄在11～15年的教师得分比16年以上教师的得分高，教龄长的教师通常因为年龄的原因在课堂中多以讲授形式为主，动作示范教学偏少，且接受新技术需要的过程较长。11～15年教龄的教师有了牢固的学科专业知识和教学法知识，并且具备一定的科研能力和教学成果，和教龄长的教师相比有更多的机会运用信息技术进行教学。

综合总体数据分析可以看出，教龄较短的教师虽然能更快地接受技术知识，但TPACK各元素之间的得分偏低，且差异性小，反映出体育教师运用技术知识及整合技术的能力相对较弱，这主要是因为缺乏相应经验，在技术知识与课程融合过程中较为被动，教学模式固有化，在教学评比时才会有所创新，导致教师在七个维度上的得分较低。

（5）不同职称体育教师在TPACK各维度元素知识的差异性分析

职称的等级涉及多个维度的能力，除了教学能力，还考查高校教师的科研能力、教学成果、综合三个方面。笔者根据高校教师职称等级将内蒙古自治区高校体育教师的职称分为四个组，分别是助教、讲师、副教授、教授。笔者使用SPSS 25.0单因素方差分析对助教、讲师、副教授、教授四类教师的数据进行统计，统计结果如表7–26所示。

表7–26　不同职称体育教师在TPACK各维度元素知识的差异性分析

维度	职称	平均值	每题平均值	标准差	标准误差	Sig.	P
TK	助教	19.215	3.943	1.065	0.321	0.431	0.067
	讲师	20.649	3.992	1.947	0.216		
	副教授	20.974	4.194	2.051	0.346		
	教授	19.115	4.023	1.841	0.261		
CK	助教	23.016	3.836	2.004	0.721	0.649	0.016*
	讲师	23.946	3.991	1.921	0.235		
	副教授	25.608	4.268	1.254	0.364		
	教授	25.794	4.399	1.954	0.384		
PK	助教	24.093	3.868	2.694	1.621	0.561	0.047*
	讲师	24.164	3.893	2.361	0.257		
	副教授	23.961	4.127	1.746	0.062		
	教授	23.813	4.142	1.326	0.122		

续表

维度	职称	平均值	每题平均值	标准差	标准误差	Sig.	*P*
PCK	助教	19.815	3.963	2.113	0.745	0.061	0.029*
	讲师	20.221	4.044	2.236	0.355		
	副教授	20.81	4.162	1.846	0.241		
	教授	20.915	4.183	1.254	0.307		
TCK	助教	14.456	3.614	2.491	0.507	0.534	0.031*
	讲师	15.828	3.757	2.863	0.699		
	副教授	15.224	3.806	2.987	0.521		
	教授	15.181	3.995	2.364	0.704		
TPK	助教	13.844	3.461	1.364	0.412	0.612	0.413
	讲师	13.544	3.386	2.451	0.428		
	副教授	13.736	3.434	2.361	0.369		
	教授	13.284	3.321	2.114	0.381		
TPACK	助教	12.884	3.221	1.649	0.524	0.277	0.451
	讲师	13.288	3.322	1.523	0.462		
	副教授	13.176	3.294	1.951	0.378		
	教授	12.084	3.021	2.261	0.295		

如表7–26所示，不同职称的体育教师在CK、PK、PCK、TCK维度上$P<0.05$，有显著差异，在其余几个维度上没有显著差异。对存在显著差异的四个维度的数据进行LSD检验，分析得知，在CK维度中教授和副教授的得分要好于讲师和助教，这是因为教授和副教授在长期的积累与学习中掌握了较为广博的学科专业知识，能将学科专业知识内容以多种形式呈现在教学课堂中，而助教和讲师大都初入工作岗位，虽然也经过了较为全面的理论知识学习，但知识深度还不够，在实际教学中的运用还不够成熟。在PK和PCK维度方面，教授和副教授的得分也高于讲师和助教，讲师和助教相比于教授和副教授资历尚浅，实践经验的积累较少，对于PK和PCK这类较难的元素知识掌握比较薄弱。再看TCK元素知识上，通过数据检验可以看出，教授和副教授得分相较于讲师和助教要高，原因是因为教授和副教授有一定的科研能力与丰厚的教学成果，这些都需要有信息技术素养来支撑完成。

由表中的其他维度TK、TPK和TPACK可以看出，职称间这三个维度的得分相近。说明教师在实际的教学中较少运用信息技术。原因是教师的信息化素养一般，在把体育学科知识融入信息技术整合到教学实践中时，难以解决其中出现的问题。因此，教师在这三个维度上的得分较低且没有显著的差异性。

（6）不同专业体育教师在TPACK各维度元素知识的差异性分析

研究者将内蒙古自治区高校体育教师的专业分为四个，分别是体育类师范生、体育类非师范生、非体育类师范生、非体育类非师范生。经175份问卷回收分析后发现，非体育类非师范生的人数为0，因此笔者使用SPSS 25.0单因素方差分析对体育类师范生、体育类非师范生、非体育类师范生三类教师的数据进行统计，统计结果如表7–27所示。

表7–27　不同专业体育教师在TPACK各维度元素知识的差异性分析

维度	职称	平均值	每题平均值	标准差	标准误差	Sig.	*P*
TK	体育类师范生	20.635	4.127	2.562	0.846	0.824	0.631
	体育类非师范生	20.345	4.069	1.621	0.362		
	非体育类师范生	19.825	3.965	1.954	0.507		
CK	体育类师范生	24.066	4.011	1.951	0.122	0.495	0.042*
	体育类非师范生	25.956	4.326	1.237	0.365		
	非体育类师范生	23.166	3.861	1.471	0.247		
PK	体育类师范生	24.126	4.021	1.239	0.364	0.584	0.021*
	体育类非师范生	22.944	3.824	1.849	0.156		
	非体育类师范生	24.006	4.001	1.618	0.362		
PCK	体育类师范生	20.785	4.157	1.772	0.129	0.621	0.039*
	体育类非师范生	18.611	3.722	2.744	0.251		
	非体育类师范生	19.325	3.865	1.203	0.514		
TCK	体育类师范生	14.604	3.651	2.036	0.624	0.591	0.261
	体育类非师范生	15.684	3.921	2.136	0.541		
	非体育类师范生	14.276	3.569	1.624	0.495		
TPK	体育类师范生	14.484	3.621	1.625	0.765	0.612	0.364
	体育类非师范生	12.636	3.159	1.264	0.236		
	非体育类师范生	13.312	3.328	1.647	0.418		
TPACK	体育类师范生	13.016	3.251	2.011	0.432	0.451	0.294
	体育类非师范生	12.256	3.064	1.954	0.516		
	非体育类师范生	12.564	3.141	1.325	0.213		

如表7–27所示，不同专业的体育教师在CK、PK和PCK维度上，$P<0.05$，有显著差异。通过LSD检验法对这三个维度的数据进行分析，得出不同专业在CK学科内容知识这一维度上体育类非师范生与体育类师范生和非体育类师范生间有显著差异，体育类非师范生的得分高于体育类师范生和非体育类师范生，原因是体育类非师范生在成为教师之前都是职业运动员，对于体育学科内容知识有更深层次的学习与训练，并且对于学科内容知识在比赛中和训练中的应用更加熟练。其次，在PK教学法知识维度上，体育类师范生和非体育类师范生的得分高于体育类非师范生，这是因为体育类师范生和非体育类师范生在校期间对教学法知识进行过系统的学习，还参加过教育实习活动。而体育类非师范生更多的是针对技术的提高与训练，教学经验不足，虽然掌握较为全面的学科内容知识，但教学中的教学方法选择还有待提升。最后是PCK学科教学法知识维度，经过检验可知，体育类师范生的得分高于体育类非师范生和非体育类师范生，原因是体育类师范生虽然在学科内容知识的掌握方面较体育类非师范生还有所欠缺，但在学科教学法知识的学习上却好于体育类非师范生和非体育类师范生，

且体育类师范生在将学科内容知识与教学法整合的过程中能够根据学科内容和教学实际情况选择最适宜的教学方法进行教学，而体育类非师范生和非体育类师范生教学中其中一个维度的知识掌握得弱一些，导致整体得分较低。

由表中分析可知，不同专业的教师在TK、TCK、TPK和TPACK这四个维度的得分差异不明显，说明教师在教学过程中对于信息技术知识及所涉及的复合知识运用较少，可能是由于信息技术知识较为薄弱，在与学科专业知识融合时课堂效果不佳，致使教师在这四个维度上的得分较低且没有显著的差异性。

5. 内蒙古自治区高校体育教师TPACK各维度元素知识的相关性分析

通过上述对TPACK整体水平和各个维度知识分析，对内蒙古自治区高校体育教师的TPACK现状有了一定的了解。此部分通过Pearson相关系数方法对TPACK框架内的七个维度进行相关性分析，验证内蒙古自治区高校体育教师基本信息与其TPACK能力之间的相互关系。希望由此探求在TPACK结构中与教师TPACK水平相关度最大的个体因素，并以此为提升内蒙古自治区高校体育教师TPACK能力的切入点，提出高校体育教师TPACK整体水平的培养策略。

表7-28将175名参与调查教师的基本信息与各元素知识做了Pearson相关性和显著性*P*值分析。Pearson相关性系数*r*值的取值范围为-1至+1，*r*的正负值表示两变量之间线性相关的方向，$r>0$为正相关，$r<0$为负相关，$r=0$为零相关。*r*的绝对值越接近0，说明密切程度越低；*r*的绝对值越接近于1，说明密切程度越高。用SPSS 25.0对教师基本信息与TPACK各元素知识相关性进行分析，结果数据如表7-28所示。

表7-28　教师基本信息与TPACK各个维度知识的相关性分析

基本信息		TK	CK	PK	PCK	TCK	TPK	TPACK
性别	Pearson相关性	-0.134	-0.191	-0.032	-0.054	0.050	-0.024	-0.194
	*P*值	0.353	0.064	0.619	0.498	0.622	0.931	0.361
年龄	Pearson相关性	-0.069	0.491	0.401	0.498	0.061	0.034	0.054
	*P*值	0.034*	0.000*	0.000*	0.001*	0.344	0.649	0.501
教龄	Pearson相关性	-0.016	0.421	0.315	0.417	0.001	0.054	0.063
	*P*值	0.236	0.002*	0.001*	0.000*	0.754	0.624	0.481
职称	Pearson相关性	0.264	0.481	0.351	0.587	0.195	0.233	0.187
	*P*值	0.052	0.000*	0.021*	0.047*	0.041*	0.165	0.031*
学历	Pearson相关性	0.264	0.139	0.079	0.269	0.341	0.138	0.051
	*P*值	0.091	0.042*	0.554	0.059	0.154	0.324	0.817
专业	Pearson相关性	0.032	-0.046	0.014	0.124	0.116	0.161	0.216
	*P*值	0.594	0.051	0.063	0.027*	0.863	0.685	0.841

根据表7–28相关性分析可以看出，性别和TPACK框架内各个元素的*P*值检验都大于0.05，可以认为在整体结果上性别与高校体育教师TPACK各元素均值水平相关性不大且不存在显著性差异。但从图7–4可以看出男女教师在TPACK各个元素知识的得分，男教师整体TPACK水平要比女教师稍高一点，对于这一现象，本研究将样本量与内蒙古自治区高校体育教师的男女性别占比综合分析，看出内蒙古自治区体育学科教师队伍中男教师较多且大部分为中年教师，而教龄与教师的学科教学水平呈正向关系，所以男教师的TPACK整体水平要稍高于女教师。

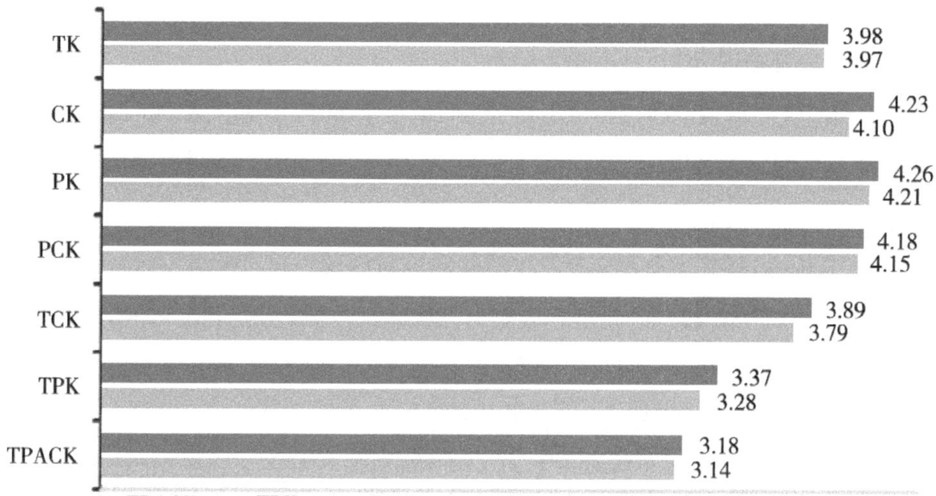

	TPACK	TPK	TCK	PCK	PK	CK	TK
男教师	3.18	3.37	3.89	4.18	4.26	4.23	3.98
女教师	3.14	3.28	3.79	4.15	4.21	4.1	3.97

图7–4　男女教师TPACK各元素均值条形图

从年龄因素上看，教师的TK、CK、PK和PCK之间的Pearson相关系数大于0且*P*值检验都小于0.05，可以认为整体上教师的TK、CK、PK和PCK元素水平与年龄有显著相关关系。其中TK元素年轻教师相比于中年教师要更容易接受信息技术知识的整合，而在CK、PK、PCK元素中，高校体育教师的年龄越大，他们CK、PK和PCK元素的得分就越高。

从教龄因素上看，教师的CK、PK和PCK之间的Pearson相关系数大于0且*P*值检验都小于0.05。教龄与年龄的背景因素分析结果相似，这是因为教师的年龄与其教龄有密切的联系，两者的内在意义都是反映教师的教学资历情况。所以从整体上看，教师的CK、PK、PCK与教龄也呈显著相关。

职称的等级涉及多个维度的能力，除了教学水平，还结合高校教师的学术研究能力、教学劳绩、综合三个方面进行职称的评定。表7–28也表明高校体育教师的CK、PK、PCK、TCK和

TPACK五个维度P值均小于0.05，且相关性系数Pearson大于0，说明高校体育教师职称的等级与这五个维度呈显著相关关系，是教师TPACK能力较为重要的影响因素。所以，在培养高校体育教师TPACK能力时，教师要转变固定的经验教学模式，灵活运用多种教学方法，从提高教学水平、钻研学科知识、增强科研水平和丰富教学成果等多个方向进行优化。学校也要定期组织在职教师学习和培训，进行同课异构与教学技能大比武，让教师在多个平台进行专业知识的沟通与交流。

从学历因素上看，高校体育教师只在CK这一维度上P值小于0.05，且相关系数Pearson大于0，硕士研究生及以上学历的教师在CK维度上的平均得分是4.1，本科学历的教师平均得分是3.8。说明学历与学科知识（CK）呈正相关关系。

从专业因素上看，PCK是高校体育教师唯一P值小于0.05，且相关系数Pearson大于0的维度。体育类师范生的PCK维度得分高于其他三个专业且为正相关，说明教师职前所学专业对于教师的教学能力有一定的影响。

结合以上分析，可得知教师的年龄、教龄和职称对内蒙古自治区高校体育教师TPACK水平具有显著性影响。首先，教师的年龄和教龄与高校体育教师的CK、PK、PCK呈显著正相关。教师的年龄与TK维度呈负相关，年轻教师对学科新技术的掌握速度更快；其次，教师的职称与高校体育教师的CK、PK、PCK、TCK和TPACK呈显著正相关；最后，学历水平层次与高校体育教师的CK呈显著正相关，硕士研究生及以上学历的教师相较于本科学历的教师掌握更为广泛。教师职前所学体育专业与高校体育教师的PCK呈显著正相关，体育类师范生表现得分最高，而教师性别对高校体育教师TPACK没有显著性影响。

表7-29　TPACK各维度间的相关性分析

		TK	CK	PK	PCK	TCK	TPK	TPACK
TK	Pearson相关性	1						
	P值							
CK	Pearson相关性	0.291	1					
	P值	0.000						
PK	Pearson相关性	0.413	0.692	1				
	P值	0.000	0.000					
PCK	Pearson相关性	0.312	0.702	0.723	1			
	P值	0.006	0.000	0.000				
TCK	Pearson相关性	0.541	0.529	0.593	0.621	1		
	P值	0.000	0.000	0.000	0.000			
TPK	Pearson相关性	0.521	0.429	0.443	0.382	0.694	1	
	P值	0.000	0.000	0.000	0.000	0.000		
TPACK	Pearson相关性	0.419	0.434	0.493	0.417	0.617	0.691	1
	P值	0.000	0.000	0.000	0.000	0.000	0.000	

从表7–29可以看出，TPACK框架中各维度与其他维度的P值均在0.000以上，说明七个维度之间有显著相关性，并且Pearson相关性数值都为正值，证明TPACK框架中各维度间关系为正相关。从Pearson相关性数值大小来看，TCK与其他维度之间都高于0.5，正相关关系较为突出。所以，在TPACK整体水平中，整合技术的学科内容知识（TCK）是对内蒙古自治区高校体育教师TPACK能力作用最为显著的单维度。因而，在内蒙古自治区高校体育教师TPACK能力提升中应着重加强教师TCK能力的提升。

6. 小结

从以上分析可知，内蒙古自治区高校体育教师TPACK整体能力处于中等水平，其中TPACK框架元素中的学科内容知识（CK）、教学法知识（PK）和学科教学法知识（PCK）得分表现较高，这也反映出内蒙古自治区高校体育教师对传统体育教学模式的熟练掌握和灵活运用。一方面，内蒙古自治区高校体育教师大部分毕业于优秀的师范院校，在职前与职后都对教师的专业素质进行过系统的学习与培训。另一方面，随着内蒙古自治区经济的不断发展，教学环境有了明显的优化，对教学的课堂呈现效果也有一定的提升作用。但是在信息化教学改革中，内蒙古自治区高校体育教师的信息化教学能力一般，且内部存在明显差异。体育教师在技术知识（TK）及其复合元素整合技术的学科内容知识（TCK）、整合技术的教学法知识（TPK）和整合技术的学科教学法知识（TPACK）的掌握上不熟练，并且主动学习意识缺乏，认为信息技术对以教授运动技能为主的体育教学效果帮助较小，使用频率低，需要改变经验化教学和教学评价方式单一化，在教学中整合技术的能力不足，缺乏探究新知识的能力。

五、研究结论

本研究以内蒙古自治区高校为例，通过对高校体育教师的TPACK水平进行测量，对其TPACK水平现状及影响因素等作出详细的研究。研究主要采用问卷调查法，对高校体育教师发放《内蒙古自治区高校体育教师 TPACK能力调查问卷》收集调查研究所需数据，运用统计分析软件SPSS 25.0得出内蒙古自治区高校体育教师TPACK整体能力为中等，尚有进步的空间。研究结果反映出，由于内蒙古自治区高校体育教师信息技术水平偏低及背景因素差异，造成了高校体育教师在TPACK水平上存在差距，整合调查数据资料的分析整理，现得出以下结论：

（1）内蒙古自治区高校体育教师TPACK整体得分均值为3.8分，处于中等水平。从核心元素知识上看，CK和PK得分高于TK，应增强技术知识的掌握与应用。从复合元素知识上看，PCK得分相对较高，表明教师能够选择有效的教学方法进行教学，善于根据学生需求进行相关知识的整合。而TCK、TPK得分较低，应加强对于这两个维度知识的学习。TPACK维度是七个维度知识中得分最低的维度，仅有3.0分，说明教师对框架内的各元素知识还没有完全掌握并在整体整合方面也还欠缺灵活运用，应强化对各元素知识的整合能力，增强主动整合与探究意识。

（2）内蒙古自治区高校体育教师整体计算机水平偏低，应重视计算机能力提升并定期组织相关知识的培训学习。

（3）不同性别的体育教师TPACK整体和各维度得分均不存在差异性。

（4）不同年龄的体育教师在CK、PK和PCK上存在显著相关性且存在正向相关关系。

（5）不同学历的体育教师在CK维度上存在差异，硕士研究生及以上学历的教师与本科学历的教师存在差异，硕士研究生及以上学历的教师掌握的CK知识更为深入。

（6）不同教龄的体育教师在CK、PCK和TCK维度上存在差异性，教龄短的教师，年龄也相对年轻，接受新技术的速度较快，而CK和PCK与教龄有正相关关系，教龄长的教师学科知识和学科教学知识储备更加完备。

（7）不同职称的体育教师在TPACK整体水平上不存在差异，但是在TK、CK和TCK维度上存在差异。

（8）不同专业的体育教师在CK、PK、PCK维度上存在差异，体育类师范生专业的教师在学科教学法知识方面掌握较好，体育类非师范生专业的教师对于学科知识理解更加深刻。

（9）参加过信息技术培训对TPACK的提升有促进作用，因为参加过信息技术培训的教师在课堂中运用技术进行授课的频率要高于未接受过培训的教师。

（10）从Pearson相关性数值大小来看，TPACK中其他六个要素与TCK之间P值均大于0.5，正相关关系较为突出。所以，在TPACK整体水平中，整合技术的学科内容知识（TCK）是对内蒙古自治区高校体育教师TPACK能力作用最为显著的单维度。因而，在内蒙古自治区高校体育教师 TPACK能力提升中应着重加强教师TCK能力的提升。

六、高校体育教师TPACK能力提升策略

（一）树立主动学习观念，重视信息技术的学习

时代在不断地进步，信息技术的功能不再单一化，而是应用在各行各业中。在教育领域，新技术的加入给教育带来了活力。未来，随着更多、更科学的信息技术出现，教学课堂也将不断发生改变，突破传统教学的时间与空间的限制。教师在教学中利用信息技术教学将是必然现象。教师对于其TPACK教学能力的重视程度，是其实现自身教学能力提升的主观影响因素。高校体育教师认为体育教学活动多以教授运动技能为主，信息技术对教学支持作用较小，这种主观意识是阻碍教师TPACK能力提升的原因之一。在“互联网+”的教育改革浪潮中，教师应该从观念上作出改变，信息技术掌握得好坏决定着教师在实际教学中利用新技术教学的效果，所以高校教师不仅要有夯实的通用教师专业技术，还要有过硬的信息技术能力，

教师要树立主动积极的学习观念，重视学校组织的相关培训，时刻关注教育领域新技术的应用，结合自身教学实际进行学习，从多个方面提高自己的信息技术素养。

（二）培养探究新知识的能力，加强TCK维度的应用与训练

从相关性分析部分可以看出，TCK维度是对高校体育教师TPACK总体水平影响最为显著的因素。通过问卷结合课堂观察分析发现，内蒙古自治区高校体育教师TCK维度表现较差的原因有：一是没有经过系统的TCK理论学习，无法指导教学实践中的学科知识与信息技术整合。二是对新技术融入教学的态度淡漠，在教学中很少利用信息技术进行教学。因此，在观念上，各高校体育教师们要主动地接受新技术，树立积极学习新技术的观念。正视新技术、新业态带来的新变化，意识到信息技术的合理应用能够提升教学质量。主动参与体育课程培训，增强教育信息化素养。例如：利用心率仪合理安排学生的运动负荷，对成绩的提高提供了客观的量化标准。通过虚拟现实或动画，向学生展示一些翻转、腾空、高速的动作，还能植入运动项目的起源及发展和裁判法的教学。一方面能帮助教师提高对运动项目教授的完整性和标准性。另一方面帮助学生培养对运动技术的学习兴趣。教师在使用这些新技术的同时，要研读体育教学标准，考虑教学实际情况，找准信息技术与学科知识整合的契机，避免出现滥用信息技术的情况。

（三）建设信息化队伍，提升信息化学科教学素养

近期，教育信息化“十四五”规划编制工作启动，这是贯彻落实全国教育大会精神和《中国教育现代化2035》的第一个五年规划。“十三五”期间，体制建设、经费投入、队伍建设是高校信息化建设的三个基本因素，前两个因素已有较大改善，而队伍建设的发展远远未能跟上学校的发展，这将成为“十四五”期间影响高校信息化发展的最重要的因素之一。

高校体育教师学历在硕士研究生及以上的占大多数，相比其他阶段的教师普遍偏高，并且对于专业知识、运动技能的掌握表现出更高水平。在教学工作中，除了日常的教学课程，还有一定的科研任务，包括教学实验研究、学术论文撰写、科研项目申报，都需要一定的信息技术去完成。教育信息化改革的落实，让内蒙古自治区高校体育教师使用信息技术的能力有所改观，但总体水平偏低，在教学中应用较少，并且只对一些常见的媒体技术有所应用。多数高校体育教师在专业技术面前还是感觉力不从心。但是，随着后疫情时代的到来，非接触式教学已经成为新常态，因此高校教师必须要具备一定的信息化学科教学素养，通过信息技术的学习不断丰富技术知识、提高技术水平，同时不断夯实学科专业知识和教育教学知识，将信息技术内化到体育课程与教学中，提高教学水平。可以通过建立体育课程培训平台和专业信息化队伍，为教师提供技术理论指导，及时解决教学过程中出现的技术问题，辅助教师完善信息技术素养，服务信息化教学需求，从而达到全面提升教师信息化教学能力。

附录

内蒙古自治区高校体育教师TPACK能力调查问卷

尊敬的老师：

您好，为了全面了解信息技术背景下内蒙古自治区高校体育教师TPACK能力应用现状，特开展本次调查。高校体育教师整合技术的学科教学知识（TPACK）是由技术知识、教学法知识、学科内容知识相互交叉整合形成的教师知识网络。本次调查最终为研究内蒙古自治区高校体育教师专业发展提供重要参考，您提供的信息十分重要，恳请您认真阅读后依照真实情况填写。问卷内容仅用于研究，不做他用。衷心感谢您的支持与配合。

一、请填写基本信息（根据您的实际情况，在选项上打“√”即可）

1. 您的性别？　A. 男　B. 女
2. 您的年龄？　A. 20~29　B. 30~39　C. 40~49　D. 50~59
3. 您的教龄？　A. 0~5年　B. 6~10年　C. 11~15年　D. 16年以上
4. 您当前的职称是？　A. 助教　B. 讲师　C. 副教授　D. 教授
5. 您的最高学历是？　A. 本科　B. 硕士研究生　C. 博士研究生　D. 其他
6. 您的专业是？　A. 体育类师范生　B. 体育类非师范生　C. 非体育类师范生　D. 非体育类非师范生
7. 您的计算机水平是？　A. 一级　B. 二级　C. 三级　D. 四级　E. 未参加计算机考试
8. 您入职后是否参加过现代教育技术的培训？　A. 是　B. 否

二、请根据您的教学情况选择（多选题，请在对应选项打“√”）

1. 您在体育教学过程中会采用哪些信息技术手段？

（1）投影仪　（2）手机、平板电脑　（3）电子白板

（4）秒表等计时器　（5）网络微课、慕课　（6）心率监测仪

(7)光盘、录像　(8)计步器　(9)课件、教案或资源库
(10)Office 办公软件　(11)概念图、思维导图软件　(12)挂图、模型等实物
(13)Flash、Photoshop素材处理软件　(14)绘图工具(如超级画板)
(15)电子图书馆、电子期刊　(16)迅雷等下载软件
(17)线上交流工具(如QQ、微信)　(18)百度、Google等搜索引擎
(19)其他

三、以下为问卷正文部分，请您认真阅读说明文字后再填写问卷。说明：本问卷中，技术指现代教育技术，即在教学过程中所运用的所有现代教育技术。请根据您的实际情况，对以下表述进行同意程度(A. 完全符合 B. 比较符合 C. 一般 D. 不太符合 E. 完全不符)判断，在括号内选择。

技术知识(TK)

1. 我能够熟练使用计算机、投影仪、电子白板等常用的多媒体教学设备。(　　)

2. 我能够熟练使用微信、QQ、电子邮箱等工具进行网上交流。(　　)

3. 我能够熟练使用与体育教学相关的电子器材(如心率仪、计步器、计时器等)。(　　)

4. 我能够熟练使用与体育学科相关的软件(如运动会编排管理软件、体育教学管理软件)。(　　)

5. 我经常接触各种信息技术(如使用网络制作与上传视频等)。(　　)

学科内容知识(CK)

6. 我能够运用多种方法与途径来提高自己对体育专业学科知识的理解。(　　)

7. 我能够用体育学科所包含的理论知识解释一些具体的体育现象。(　　)

8. 我能够在教学过程中将所学的体育学科知识恰当地渗入其中。(　　)

9. 我能够利用体育学科专业知识去处理体育课堂中出现的一些问题。(　　)

10. 我能够针对某一体育现象利用专业知识提出自己独到的认识和看法。(　　)

11. 我能够针对教学安排制订课程实施计划。(　　)

教学法知识(PK)

12. 我能够在课堂中指导学生使用多种练习方法掌握动作。(　　)

13. 我能够根据学生特点指导学生在学习中采用适当的学习方法。(　　)

14. 我能够在教学过程中设置恰当的教学目标。(　　)

15. 我能够基于学生目前的知识理解状况来调整自己的教学方法。（　　）

16. 我能够组织体育课堂教学管理。（　　）

17. 我能够运用多种评价方式评价学生的学习（如运动完成质量、行为观察、课堂打分等）。（　　）

学科教学法知识（PCK）

18. 我能够选择合适的教学方法引导学生对专业知识进行有效学习。（　　）

19. 我掌握一些常用的教学方法并能熟练应用在教学过程中。（　　）

20. 我能够根据课程内容制定合适的教学目标。（　　）

21. 我能够通过改变教学策略或表达方式帮助学生消除对知识的错误理解。（　　）

22. 我能够用不同的教学方法来帮助学生理解体育技术动作的掌握应用。（　　）

整合技术的学科内容知识（TCK）

23. 我能够针对教学知识点或知识单元的特点选择合适的信息技术支持课堂活动。（　　）

24. 我能够利用信息技术描述体育学科知识中的重难点，帮助学生更好地理解。（　　）

25. 我能够按照教学需要，通过信息网络对所需资源搜集下载。（　　）

26. 我能够掌握课程中常用的特定软件（如健美操需要用到的音乐编辑软件）。（　　）

整合技术的教学法知识（TPK）

27. 我能够指导学生通过运用信息技术来加深对某一项体育技能的了解。（　　）

28. 我能够选择合适的信息技术用于提高学生的课堂学习效率。（　　）

29. 我能够在不同的教学活动中灵活使用信息技术。（　　）

30. 我能够指导学生利用信息技术去搜集更多的学习信息。（　　）

整合技术的学科教学法知识（TPACK）

31. 我能在教学过程中选择一项信息技术来深化或扩展课堂教学内容。（　　）

32. 我能依据教学知识点和教学方法选择合适的信息技术支持我的教学活动。（　　）

33. 我能够恰当地将技术知识、学科知识和教学方法整合到课堂教学过程中。（　　）

34. 我能够利用信息技术的优越性来调整教学方法和教学内容。（　　）